实用版法规专辑

知识产权法

中国法制出版社

CHINA LEGAL PUBLISHING HOUSE

我国的立法体系

全国人民代表大会	修改宪法，制定、修改刑事、民事、国家机构的和其他的基本法律。
全国人民代表大会常务委员会	制定和修改除应当由全国人民代表大会制定的法律以外的其他法律；在全国人民代表大会闭会期间，对全国人民代表大会制定的法律进行部分补充和修改；解释法律。
国务院	根据宪法和法律，制定行政法规。
省、自治区、直辖市人民代表大会及其常务委员会	根据本行政区域的具体情况和实际需要，在不同宪法、法律、行政法规相抵触的前提下，制定地方性法规。
较大的市的人民代表大会及其常务委员会	根据本市的具体情况和实际需要，在不同宪法、法律、行政法规和本省、自治区的地方性法规相抵触的前提下，制定地方性法规，报批准后施行。
经济特区所在地的省、市的人民代表大会及其常务委员会	根据全国人民代表大会的授权决定，制定法规，在经济特区范围内实施。
民族自治地方的人民代表大会	依照当地民族的政治、经济和文化的特点，制定自治条例和单行条例，报批准后生效。 依照当地民族的特点，对法律和行政法规的规定作出变通的规定，但不得违背法律或者行政法规的基本原则，不得对宪法和民族区域自治法的规定以及其他有关法律、行政法规专门就民族自治地方所作的规定作出变通规定。
国务院各部、委员会、中国人民银行、审计署和具有行政管理职能的直属机构	根据法律和国务院的行政法规、决定、命令，在本部门的权限范围内，制定部门规章。
省、自治区、直辖市和较大的市的人民政府	根据法律、行政法规和本省、自治区、直辖市的地方性法规，制定地方政府规章。
中央军事委员会	根据宪法和法律制定军事法规，在武装力量内部实施。

注：1. 较大的市是指省、自治区的人民政府所在地的市，经济特区所在地的市和经国务院批准的较大的市。

2. 法的效力等级：宪法＞法律＞行政法规＞地方性法规、部门规章、地方政府规章；地方性法规＞本级和下级地方政府的规章；部门规章＝地方政府规章。（＞表示效力高于，＝表示效力相等）

3. 司法解释：司法解释是最高人民法院对审判工作中具体应用法律问题和最高人民检察院对检察工作中具体应用法律问题所作的具有法律效力的解释，司法解释与被解释的有关法律规定一并作为人民法院或人民检察院处理案件的依据。

编辑说明

运用法律维护权利和利益，是读者选购法律图书的主要目的。法律文本单行本提供最基本的法律依据，但单纯的法律文本中的有些概念、术语，读者不易理解；法律释义类图书有助于读者理解法律的本义，但又过于繁杂、冗长。

基于上述理念，**我社自 2006 年 7 月率先出版了"实用版"系列法律图书**，所出品种均深受广大读者的认同和喜爱。本着"以读者为本"的宗旨，应读者需要，我们将与社会经济生活密切相关的领域所依托的法律制度以专辑形式汇编出版，**延续了"实用版"系列简洁、实用的风格，为广大公民提供最经济有效的法律学习及法律纠纷解决方案。**

本专辑具有以下鲜明特点：

1. **出版权威。** 中国法制出版社是国务院法制办公室所属的中央级法律类图书专业出版社，是国家法律、行政法规文本的权威出版机构。

2. **法律文本规范。** 法律条文利用了我社法律单行本的资源，与国家法律、行政法规正式版本完全一致，确保条文准确、权威。

3. **条文解读专业、权威。** 本书中的解读都是从全国人大常委会法制工作委员会、国务院法制办公室等对条文的权威解读中精选、提炼而来，并用◆标示出来，简单明了、通俗易懂，涵盖百姓日常生活中经常遇到的纠纷与难题。

4. **附录实用。** 书末收录经提炼的法律流程图、诉讼文书、办案常用数据（如损害赔偿金额标准）等内容，帮助您大大提高处理法律纠纷的效率。

5. **"实用版法规专辑"** 除延续上述"实用版"系列特点外，兼从某一社会经济生活领域出发，收录、解读该领域所涉重要法律制度，为解决该领域法律纠纷提供支持。

2008 年 3 月

知识产权法与你

知识产权（intellectual property），是指专利权、商标权、著作权、商业秘密专有权等人们对自己创造性的智力劳动成果所享有的**民事权利**。这些权利主要是**财产权利**。**知识产权法**，就是保护这类民事权利的法律。通常，知识产权中的专利权与商标权又被统称为"工业产权"，是需要通过申请、经行政主管部门审查批准才产生的民事权利；著作权与商业秘密专有权，则是从有关创作活动完成时起，就依法自动产生。

知识产权制度作为鼓励和保护创新、促进社会进步和经济发展的基本法律制度，经过数百年的发展演变和不断完善，已为世界各国普遍接受，并在知识产权保护领域形成了一些各国共同遵循的准则。"知识和技术的革新是任何时代经济增长的先决条件"。生存在现代社会中的你我，在享受知识带来的新技术的愉悦的同时，也与知识产权保护有着千丝万缕的联系。例如，《商标法》保护注册商标权人的利益，但它又是通过保护作为消费者的你我的利益来实现；再例如，没有知识产权法的保护，你的发明可以是白发明，你的作品将不成为你的作品。因此，掌握一定的知识产权法律知识，是每一个现代人都应当具备的基本常识。

一、我国知识产权法律制度发展概况

在我国，"知识产权"作为正式的法律用语，最早出现在 1986 年 4 月公布的《中华人民共和国民法通则》中。根据该法的规定，知识产权属于民事权利。

1982 年、1984 年、1990 年、1993 年，我国先后颁布了《商标法》、《专利法》、《著作权法》和《反不正当竞争法》。1985 年我国参加了《巴黎公约》，1992 年参加了《伯尔尼公约》和《世界版权公约》。1992 年、1993 年，我国先后对《专利法》、《商标法》作了修正。此后，为了加入世界贸易组织，使我国的知识产权法律能顺利与国际通行惯例相衔接，我国又根据国情于2000年、2001年相继对《专利法》和《商标法》作了第二次修正，并于2001年修正了《著作权法》，从而为我国在2001年12月加入世界贸易组织创造了有利条件。相应地，我国还于2001年6月颁布了《专利法实施细则》（于2002年12月修正），2002年8月颁布了《著作权法实施条例》、《商标法实施条例》，以便与《专利法》、《著作权法》、《商标法》配套适用。这其间，国务院又先后于1997年3月颁布《植物新品种保护条例》、2001年4月颁布《集成电路布图设计保护条例》、2001年12月颁布《计算机软件保护条例》、2006年5月颁布《信息网络传播权保护条例》等一系列有关知识产权保护的重要的行政法规。最高人民法院也先后于2001年、2002年出台了有关审理专利纠纷、商标民事纠纷、著作权民事纠纷案件的司法解释，以利于在司法实践中正确审理有关知识产权纠纷案件。另外，除了上述单行法律、行政法规和司法解释之外，我国1997年修订后的《刑法》还列有专章，规定了对严重侵犯商标权、著作权、商业秘密及假冒他人专利者进行刑事制裁。

二、我国知识产权法律重点知识简介

（一）著作权。著作权亦称版权，是指作者（公民、法人）对其创作的文学、艺术和科学技术作品所享有的专有权利。我国《著作权法》首先保护的是文字著作，但又远远不止于"著作"。音乐、舞蹈、电影、电视、工程设计、地图、计算机软件、演员的表演实况等等，凡是有可能被复制，即被"复版"、"翻版"或"盗版"的智力创作成果，也都在被保护之例。法律禁止出版、传播的作品，在我国不受保护。

著作权是一种包含若干特殊的人身权和财产权的混合权利，行使著作权中的财产权往往涉及其中的人身权。通常，享有著作权的作者：①可以决定是否对他的作品进行著作权意义上的使用；②可以决定是否就他的作品实施某些涉及他的人格利益的行为；③可以在必要时请求有关的国家机关以强制性的协助来保护或实现他的权利。著作权也是一种内容不断发展的权利。但是，作者享有著作权不会影响作品的传播。

（二）**专利**。我国《专利法》保护发明、实用新型与外观设计三种不同的专利权，重点是保护发明专利。专利权是由国务院专利行政部门依照法律规定，根据法定程序赋予专利权人的一种专有权利。它具有以下主要特征：①独占性。它专属权利人所有，专利权人对其权利的客体（即发明创造）享有占有、使用、收益和处分的权利。②时间性。即指专利权具有一定的时间限制，也就是法律规定的保护期限。我国《专利法》第42条规定："发明专利权的期限为20年，实用新型和外观设计专利权的期限为10年，均自申请日起计算。"③地域性。即对专利权的空间限制。它是指一个国家或一个地区所授予和保护的专利权通常仅在该国或地区的范围内有效，对其他国家和地区不发生法律效力。如果专利权人希望在其他国家享有专利权，那么，必须依照其他国家的法律另行提出专利申请。

（三）**商标**。我国《商标法》主要保护注册商标权人的专用权，保护范围包括商品商标、服务商标和集体商标、证明商标。虽然《商标法》的主要目的是保护注册商标权人的利益，但这一目的，又首先要通过保护消费者的利益去实现，因此，《商标法》、《消费者权益保护法》与《反不正当竞争法》存在交叉。对于可以获得注册、从而享有商标权的标识，法律首先要求其具有"识别性"。只有具有识别性的标识，才能把来自不同厂家的相同商品区分开。这是商标的主要功能。

实践中，许多人对商标的重视程度远远低于其他知识产权。其实，一个商标，从权利人选择标识起，就不断有创造性的智力劳动投入；而后商标信誉的不断提高，也主要靠经营者的营销方法、为提高质量及更新产品而投入的技术含量等等一系列创作性劳动成果。因此，即使是企业的初级产品，也应当带着商标在市场上出现——经营者在经营有形货物的同时，自己的商标也会不断增值，而一旦有形货物不幸丧失，至少自己的商标仍有价值。

知识产权法律要点提示

法律要点	法　条	页　码
著作权法的适用范围	《著作权法》2 《著作权条例》6－8、33－35	第 2 页 第 26 页
作品的范围	《著作权法》3－5 《著作权条例》2－5	第 2 页 第 25 页
著作权的内容	《著作权法》10 《计算机软件保护条例》8	第 5 页 第 31 页
著作权归属	《著作权法》11－19 《著作权条例》9－15 《计算机软件保护条例》9－16	第 6 页 第 26 页 第 32 页
著作权的限制	《著作权法》22－23 《著作权条例》19－21、26、32	第 11 页 第 27 页
著作权许可使用和转让合同	《著作权法》24－28 《著作权条例》23－24 《计算机软件保护条例》19－21	第 13 页 第 28 页 第 33 页
图书、报刊的出版	《著作权法》29－34 《著作权条例》29－30	第 14 页 第 28 页
发明创造	《专利法》2 《专利法细则》1	第 59 页 第 82 页
职务发明	《专利法》6 《专利法细则》11－12、74－76	第 60 页 第 84 页
专利申请权、专利权转让	《专利法》10 《专利法细则》15	第 62 页 第 84 页
专利实施许可合同	《专利法》12	第 63 页

1

目　　录

实用附录：

中华人民共和国著作权法

(1990年9月7日第七届全国人民代表大会常务
委员会第十五次会议通过 根据2001年10月27日第九届
全国人民代表大会常务委员会第二十四次会议《关于修
改〈中华人民共和国著作权法〉的决定》修正)

目　录

第一章　总　　则

第一条　【立法宗旨】① 为保护文学、艺术和科学作品作者的著作权,

---

① 条文主旨为编者所加,下同。

以及与著作权有关的权益，鼓励有益于社会主义精神文明、物质文明建设的作品的创作和传播，促进社会主义文化和科学事业的发展与繁荣，根据宪法制定本法。

◆①*本法所称创作，是指直接产生文学、艺术和科学作品的智力活动。为他人创作进行组织工作，提供咨询意见、物质条件，或者进行其他辅助工作，均不视为创作。[参见《中华人民共和国著作权法实施条例》（以下简称《著条例》）3]*

第二条 【适用范围】中国公民、法人或者其他组织的作品，不论是否发表，依照本法享有著作权。

外国人、无国籍人的作品根据其作者所属国或者经常居住地国同中国签订的协议或者共同参加的国际条约享有的著作权，受本法保护。

外国人、无国籍人的作品首先在中国境内出版的，依照本法享有著作权。

未与中国签订协议或者共同参加国际条约的国家的作者以及无国籍人的作品首次在中国参加的国际条约的成员国出版的，或者在成员国和非成员国同时出版的，受本法保护。

◆ *著作权自作品创作完成之日起产生（《著条例》6）。我国著作权法对著作权保护采取自动取得原则，著作权在作品完成时自动取得，不论是否发表，也不需要履行任何手续——不需要加注版权标记，不需要登记注册，不需要任何机关或个人的批准或授权。*

◆ *"完成"，既包括整部作品因最终完成而取得整部作品的著作权，也包括作品的某一部分，如一编、一章、一节等，因完成而取得该部分的著作权。*

【条文参见】《著条例》6-8、33-35

第三条 【作品的范围】本法所称的作品，包括以下列形式创作的文学、艺术和自然科学、社会科学、工程技术等作品：

---

① 本书中标有◆的部分，系编者为了帮助读者理解条文所增加的说明。

（一）文字作品；

（二）口述作品；

（三）音乐、戏剧、曲艺、舞蹈、杂技艺术作品；

（四）美术、建筑作品；

（五）摄影作品；

（六）电影作品和以类似摄制电影的方法创作的作品；

（七）工程设计图、产品设计图、地图、示意图等图形作品和模型作品；

（八）计算机软件；

（九）法律、行政法规规定的其他作品。

◆ 计算机软件，即由计算机执行的程序及其相关文档。计算机程序，是指为了得到某种结果而可以由计算机等具有信息处理能力的装置执行的代码化指令序列，或者可以被自动转换成代码化指令序列的符号化指令序列或者符号化语句序列。同一计算机程序的源程序和目标程序为同一作品。文档，是指用来描述程序的内容、组成、设计、功能规格、开发情况、测试结果及使用方法的文字资料和图表等，如程序设计说明书、流程图、用户手册等。

◆ 受著作权法保护的作品，包括本条规定的各类作品的数字化形式。在网络环境下无法归于本条列举的作品范围，但在文学、艺术和科学领域内具有独创性并能以某种有形形式复制的其他智力创作成果，应当予以保护。

◆ 在司法实践中，推荐性国家标准，属于自愿采用的技术性规范，不具有法规性质。由于推荐性标准在制定过程中需要付出创造性劳动，具有创造性智力成果的属性，如果符合作品的其他条件，应当确认属于著作权法保护的范围。而国家标准化管理机关依法组织制订的强制性标准，是具有法规性质的技术性规范，由标准化管理机关依法发布并监督实施。

【条文参见】《著条例》2、4

第四条 **【非法作品不受保护】**依法禁止出版、传播的作品，不受本法保护。

著作权人行使著作权，不得违反宪法和法律，不得损害公共利益。

第五条 　【不适用本法保护的对象】本法不适用于：

（一）法律、法规，国家机关的决议、决定、命令和其他具有立法、行政、司法性质的文件，及其官方正式译文；

（二）时事新闻；

（三）历法、通用数表、通用表格和公式。

◆ 时事新闻，是指通过报纸、期刊、广播电台、电视台等大众传播媒介传播的单纯事实消息。传播报道他人采编的时事新闻，应当注明出处。［参见《最高人民法院关于审理著作权民事纠纷案件适用法律若干问题的解释》（以下简称《著解释》）16］

◆ 对软件著作权的保护不延及开发软件所用的思想、处理过程、操作方法或者数学概念等。

第六条 　【民间文艺作品的著作权保护】民间文学艺术作品的著作权保护办法由国务院另行规定。

◆ 民间文学艺术作品，是指没有明确特定的作者，由某社会群体（而非个人）创作的流传于民间的歌谣、音乐、戏剧、故事、舞蹈、建筑、立体艺术、装饰艺术等文学艺术形式。

第七条 　【著作权管理机构】国务院著作权行政管理部门主管全国的著作权管理工作；各省、自治区、直辖市人民政府的著作权行政管理部门主管本行政区域的著作权管理工作。

第八条 　【著作权集体管理组织】著作权人和与著作权有关的权利人可以授权著作权集体管理组织行使著作权或者与著作权有关的权利。著作权集体管理组织被授权后，可以以自己的名义为著作权人和与著作权有关的权利人主张权利，并可以作为当事人进行涉及著作权或者与著作权有关的权利的诉讼、仲裁活动。

著作权集体管理组织是非营利性组织，其设立方式、权利义务、著作权许可使用费的收取和分配，以及对其监督和管理等由国务院另行规定。

◆ 依法成立的著作权集体管理组织，根据著作权人的书面授权，可以自己的名义提起诉讼。(《著解释》6)

【条文参见】《著作权集体管理条例》

第二章 著 作 权

第一节 著作权人及其权利

第九条 **【著作权人的范围】** 著作权人包括：

（一）作者；

（二）其他依照本法享有著作权的公民、法人或者其他组织。

◆ 著作权作为一种普通民事权利，其主体范围包括：自然人、法人、其他组织；在特定情况下，国家也是著作权的主体。

◆ 在作者（作者为公民）死亡或终止（作者为法人、其他组织）时，其著作权中的财产权可以继承或移转，继承人或承受人就成为了享有著作权的人。另外，著作权中的财产权也可以赠与、遗赠和转让。但是，著作权中的人身权具有专属性，只能由作者本人享有。

第十条 **【著作权的内容】** 著作权包括下列人身权和财产权：

（一）发表权，即决定作品是否公之于众的权利；

（二）署名权，即表明作者身份，在作品上署名的权利；

（三）修改权，即修改或者授权他人修改作品的权利；

（四）保护作品完整权，即保护作品不受歪曲、篡改的权利；

（五）复制权，即以印刷、复印、拓印、录音、录像、翻录、翻拍等方式将作品制作一份或者多份的权利；

（六）发行权，即以出售或者赠与方式向公众提供作品的原件或者复制件的权利；

（七）出租权，即有偿许可他人临时使用电影作品和以类似摄制电影的方法创作的作品、计算机软件的权利，计算机软件不是出租的主要标的的除外；

5

（八）展览权，即公开陈列美术作品、摄影作品的原件或者复制件的权利；

（九）表演权，即公开表演作品，以及用各种手段公开播送作品的表演的权利；

（十）放映权，即通过放映机、幻灯机等技术设备公开再现美术、摄影、电影和以类似摄制电影的方法创作的作品等的权利；

（十一）广播权，即以无线方式公开广播或者传播作品，以有线传播或者转播的方式向公众传播广播的作品，以及通过扩音器或者其他传送符号、声音、图像的类似工具向公众传播广播的作品的权利；

（十二）信息网络传播权，即以有线或者无线方式向公众提供作品，使公众可以在其个人选定的时间和地点获得作品的权利；

（十三）摄制权，即以摄制电影或者以类似摄制电影的方法将作品固定在载体上的权利；

（十四）改编权，即改变作品，创作出具有独创性的新作品的权利；

（十五）翻译权，即将作品从一种语言文字转换成另一种语言文字的权利；

（十六）汇编权，即将作品或者作品的片段通过选择或者编排，汇集成新作品的权利；

（十七）应当由著作权人享有的其他权利。

著作权人可以许可他人行使前款第（五）项至第（十七）项规定的权利，并依照约定或者本法有关规定获得报酬。

著作权人可以全部或者部分转让本条第一款第（五）项至第（十七）项规定的权利，并依照约定或者本法有关规定获得报酬。

◼ 本条第（一）项规定的"公之于众"，是指著作权人自行或者经著作权人许可将作品向不特定的人公开，但不以公众知晓为构成条件（《著解释》9）。发表权是一次性权利，作品一旦发表，发表权即行消灭，以后再次使用作品与发表权无关，而是行使使用权的体现。

第二节 著作权归属

第十一条 【著作权归属的一般原则】著作权属于作者，本法另有规定的除外。

创作作品的公民是作者。

由法人或者其他组织主持，代表法人或者其他组织意志创作，并由法人或者其他组织承担责任的作品，法人或者其他组织视为作者。

如无相反证明，在作品上署名的公民、法人或者其他组织为作者。

◆ 作者身份不明的作品，由作品原件的所有人行使除署名权以外的著作权。作者身份确定后，由作者或者其继承人行使著作权。(《著条例》13)

◆ 除本条第3款规定的情形外，由他人执笔，本人审阅定稿并以本人名义发表的报告、讲话等作品，著作权归报告人或者讲话人享有。著作权人可以支付执笔人适当的报酬。

◆ 当事人合意以特定人物经历为题材完成的自传体作品，当事人对著作权权属有约定的，依其约定；没有约定的，著作权归该特定人物享有，执笔人或整理人对作品完成付出劳动的，著作权人可以向其支付适当的报酬。

◆ 由不同作者就同一题材创作的作品，作品的表达系独立完成并且有创作性的，应当认定作者各自享有独立著作权。(《著解释》13－15)

第十二条 【演绎作品的著作权归属】改编、翻译、注释、整理已有作品而产生的作品，其著作权由改编、翻译、注释、整理人享有，但行使著作权时不得侵犯原作品的著作权。

◆ 演绎作品，是指对已有的作品或其他材料进行演绎、加工所产生的作品。所有以现存作品为基础直接创作新的作品的行为都是演绎，不仅包括同种作品形式之间的改编、转换，还包括以别的形式来表达作品的内容。也就是说，只要一作品的创作以另一部在先的作品为基础，后者的思想内容被移植到了前者之中，就属于著作权法意义上的演绎。演绎人对他人作品进行演绎必须征得原作品著作权人的同意。

【条文参见】《著条例》10

7

第十三条 【合作作品的著作权归属】两人以上合作创作的作品，著作权由合作作者共同享有。没有参加创作的人，不能成为合作作者。

合作作品可以分割使用的，作者对各自创作的部分可以单独享有著作权，但行使著作权时不得侵犯合作作品整体的著作权。

◆ 判断某一作品是否为合作作品，本质上就是判定是否存在共同创作行为，其核心要素为：①有共同创作的主观意图；②创作者均实施了实质性的创作行为。

◆ 合作作品不可以分割使用的，其著作权由各合作作者共同享有，通过协商一致行使；不能协商一致，又无正当理由的，任何一方不得阻止他方行使除转让以外的其他权利，但是所得收益应当合理分配给所有合作作者。（《著条例》9）

◆ 合作作者之一死亡后，其对合作作品享有的财产权无人继承又无人受遗赠的，由其他合作作者享有。（《著条例》14）

第十四条 【汇编作品的著作权归属】汇编若干作品、作品的片段或者不构成作品的数据或者其他材料，对其内容的选择或者编排体现独创性的作品，为汇编作品，其著作权由汇编人享有，但行使著作权时，不得侵犯原作品的著作权。

◆ 汇编作品，是指根据特定要求，选择已经发表或已完成的作品、作品的片段或者其他素材进行汇编、编排而形成的作品。当汇编的对象是作品时，须事先征得原作品著作权人的同意。汇编作品的著作权由汇编者享有。

◆ 由于汇编作品的独创性主要体现在材料的选择、组织和使用方式上，所以汇编者的权利也主要及于汇编作品的整体而不延及它所选择、编排的材料；但如果汇编者在创作过程中对汇编材料进行了独创性的加工，则其还对那些具有独创性的作品部分享有著作权。

第十五条 【电影作品的著作权归属】电影作品和以类似摄制电影的方法创作的作品的著作权由制片者享有，但编剧、导演、摄影、作词、作曲等作者享有署名权，并有权按照与制片者签订的合同获得报酬。

电影作品和以类似摄制电影的方法创作的作品中的剧本、音乐等可以单独使用的作品的作者有权单独行使其著作权。

◆ 影视作品的著作权由制片者享有，但"制片者"并不等同于"制片人"。"制片者"投资于影视作品的创作，并负责获得主管部门的批文，该作品的市场风险也由其承担，制片者一般是法人；"制片人"是在影视作品的制作过程中承担一定职责的人，所实施的是专业技术上的制片活动。

◆ 本条第 2 款所指的作品，著作权人是自然人的，其保护期适用本法第 21 条第 1 款的规定；著作权人是法人或其他组织的，其保护期适用本法第 21 条第 2 款的规定（《著解释》10）。但是，本条第 2 款规定中的剧本、音乐等如果系依与制片者的约定而创作，则有关权利的行使应遵从协议。

第十六条 【职务作品的著作权归属】公民为完成法人或者其他组织工作任务所创作的作品是职务作品，除本条第二款的规定以外，著作权由作者享有，但法人或者其他组织有权在其业务范围内优先使用。作品完成两年内，未经单位同意，作者不得许可第三人以与单位使用的相同方式使用该作品。

有下列情形之一的职务作品，作者享有署名权，著作权的其他权利由法人或者其他组织享有，法人或者其他组织可以给予作者奖励：

（一）主要是利用法人或者其他组织的物质技术条件创作，并由法人或者其他组织承担责任的工程设计图、产品设计图、地图、计算机软件等职务作品；

（二）法律、行政法规规定或者合同约定著作权由法人或者其他组织享有的职务作品。

◆ 关于职务作品，注意：①职务作品的创作者与单位之间通常表现为劳动法律关系，但并不要求是紧密的劳动法律关系，兼职、借用或临时聘用等情形均可认定为"基于职务而进行创作"；②作者创作作品是履行工作职责；③职务作品并不要求必须在工作时间完成，职务作品的认定，关键在于创作者是否在本职工作范围内从事创作，而不在于创作完成的时间。

◆ 本条第 1 款关于职务作品的规定中的"工作任务"，是指公民在该法人或者该组织中应当履行的职责。本条第 2 款关于职务作品的规定中的"物质技术条件"，是指该法人或者该组织为公民完成创作专门提供的资金、设备或者资料。

◆ 职务作品完成 2 年内，经单位同意，作者许可第三人以与单位使用的相同方式使用作品所获报酬，由作者与单位按约定的比例分配。作品完成 2 年的期限，自作者向单位交付作品之日起计算。(《著条例》11、12)

第十七条 【委托作品的著作权归属】 受委托创作的作品，著作权的归属由委托人和受托人通过合同约定。合同未作明确约定或者没有订立合同的，著作权属于受托人。

◆ 按照本条规定委托作品著作权属于受托人的情形，委托人在约定的使用范围内享有使用作品的权利；双方没有约定使用作品范围的，委托人可以在委托创作的特定目的范围内免费使用该作品。(《著解释》12)

第十八条 【美术作品著作权的归属】 美术等作品原件所有权的转移，不视为作品著作权的转移，但美术作品原件的展览权由原件所有人享有。

◆ 美术作品原件的展览权由原件所有人享有。这说明，即使创作人想要展览美术作品原件，也应取得原件所有人的许可。

第十九条 【著作权的继受】 著作权属于公民的，公民死亡后，其本法第十条第一款第（五）项至第（十七）项规定的权利在本法规定的保护期内，依照继承法的规定转移。

著作权属于法人或者其他组织的，法人或者其他组织变更、终止后，其本法第十条第一款第（五）项至第（十七）项规定的权利在本法规定的保护期内，由承受其权利义务的法人或者其他组织享有；没有承受其权利义务的法人或者其他组织的，由国家享有。

◆ 著作权中的财产权可以继承，人身权不能继承。作者死亡后，其著作权中的署名权、修改权和保护作品完整权由作者的继承人或者受遗赠人保护。著作权无人继承又无人受遗赠的，其署名权、修改权和保护作品完整权由著作权行政管理部门保护。（《著条例》15）

第三节　权利的保护期

第二十条　【署名权、修改权、保护作品完整权的保护期】作者的署名权、修改权、保护作品完整权的保护期不受限制。

第二十一条　【发表权、财产权的保护期】公民的作品，其发表权、本法第十条第一款第（五）项至第（十七）项规定的权利的保护期为作者终生及其死亡后五十年，截止于作者死亡后第五十年的 12 月 31 日；如果是合作作品，截止于最后死亡的作者死亡后第五十年的 12 月 31 日。

法人或者其他组织的作品、著作权（署名权除外）由法人或者其他组织享有的职务作品，其发表权、本法第十条第一款第（五）项至第（十七）项规定的权利的保护期为五十年，截止于作品首次发表后第五十年的 12 月 31 日，但作品自创作完成后五十年内未发表的，本法不再保护。

电影作品和以类似摄制电影的方法创作的作品、摄影作品，其发表权、本法第十条第一款第（五）项至第（十七）项规定的权利的保护期为五十年，截止于作品首次发表后第五十年的 12 月 31 日，但作品自创作完成后五十年内未发表的，本法不再保护。

◆ 作者生前未发表的作品，如果作者未明确表示不发表，作者死亡后 50 年内，其发表权可由继承人或者受遗赠人行使；没有继承人又无人受遗赠的，由作品原件的所有人行使。

◆ 作者身份不明的作品，其著作权中的财产权的保护期截止于作品首次发表后第 50 年的 12 月 31 日。作者身份确定后，适用本条的规定。（《著条例》17、18）

第四节　权利的限制

第二十二条　【合理使用】在下列情况下使用作品，可以不经著作权人许可，不向其支付报酬，但应当指明作者姓名、作品名称，并且不得侵犯著作权人依照本法享有的其他权利：

（一）为个人学习、研究或者欣赏，使用他人已经发表的作品；

（二）为介绍、评论某一作品或者说明某一问题，在作品中适当引用他人已经发表的作品；

（三）为报道时事新闻，在报纸、期刊、广播电台、电视台等媒体中不可避免地再现或者引用已经发表的作品；

（四）报纸、期刊、广播电台、电视台等媒体刊登或者播放其他报纸、期刊、广播电台、电视台等媒体已经发表的关于政治、经济、宗教问题的时事性文章，但作者声明不许刊登、播放的除外；

（五）报纸、期刊、广播电台、电视台等媒体刊登或者播放在公众集会上发表的讲话，但作者声明不许刊登、播放的除外；

（六）为学校课堂教学或者科学研究，翻译或者少量复制已经发表的作品，供教学或者科研人员使用，但不得出版发行；

（七）国家机关为执行公务在合理范围内使用已经发表的作品；

（八）图书馆、档案馆、纪念馆、博物馆、美术馆等为陈列或者保存版本的需要，复制本馆收藏的作品；

（九）免费表演已经发表的作品，该表演未向公众收取费用，也未向表演者支付报酬；

（十）对设置或者陈列在室外公共场所的艺术作品进行临摹、绘画、摄影、录像；

（十一）将中国公民、法人或者其他组织已经发表的以汉语言文字创作的作品翻译成少数民族语言文字作品在国内出版发行；

（十二）将已经发表的作品改成盲文出版。

前款规定适用于对出版者、表演者、录音录像制作者、广播电台、电视台的权利的限制。

◆ 依照著作权法有关规定，使用可以不经著作权人许可的已经发表的作品的，不得影响该作品的正常使用，也不得不合理地损害著作权人的合法利益。（《著条例》21）

◆ 本条第（十）项规定的室外公共场所的艺术作品，是指设置或者陈列在室外社会公众活动处所的雕塑、绘画、书法等艺术作品。对以上规定艺术作品的临摹、绘画、摄影、录像人，可以对其成果以合理的方式和范围再行使用，不构成侵权。

（《著解释》18）

【条文参见】《著条例》19-22、26、32

第二十三条 【特定教科书的法定许可】为实施九年制义务教育和国家教育规划而编写出版教科书，除作者事先声明不许使用的外，可以不经著作权人许可，在教科书中汇编已经发表的作品片段或者短小的文字作品、音乐作品或者单幅的美术作品、摄影作品，但应当按照规定支付报酬，指明作者姓名、作品名称，并且不得侵犯著作权人依照本法享有的其他权利。

前款规定适用于对出版者、表演者、录音录像制作者、广播电台、电视台的权利的限制。

◆ 第22条规定的合理使用不需要支付报酬，本条规定的法定许可需要支付报酬。

第三章 著作权许可使用和转让合同

第二十四条 【著作权许可使用合同】使用他人作品应当同著作权人订立许可使用合同，本法规定可以不经许可的除外。

许可使用合同包括下列主要内容：

（一）许可使用的权利种类；

（二）许可使用的权利是专有使用权或者非专有使用权；

（三）许可使用的地域范围、期间；

（四）付酬标准和办法；

（五）违约责任；

（六）双方认为需要约定的其他内容。

◆ 使用他人作品应当同著作权人订立许可使用合同，许可使用的权利是专有使用权的，应当采取书面形式，但是报社、期刊社刊登作品除外。本条规定的专有使用权的内容由合同约定，合同没有约定或者约定不明的，视为被许可人有权排除包括著作权人在内的任何人以同样的方式使用作品；除合同另有约定外，被许可人许可第三人行使同一权利，必须取得著作权

人的许可。(《著条例》23-24)

第二十五条　【著作权转让合同】转让本法第十条第一款第（五）项至第（十七）项规定的权利，应当订立书面合同。

权利转让合同包括下列主要内容：

（一）作品的名称；

（二）转让的权利种类、地域范围；

（三）转让价金；

（四）交付转让价金的日期和方式；

（五）违约责任；

（六）双方认为需要约定的其他内容。

◆ 著作权转让合同未采取书面形式的，法院依据合同法第36、37条的规定审查合同是否成立。(《著解释》22)

第二十六条　【著作权许可使用和转让合同中未明确的权利】许可使用合同和转让合同中著作权人未明确许可、转让的权利，未经著作权人同意，另一方当事人不得行使。

第二十七条　【著作权使用费的支付】使用作品的付酬标准可以由当事人约定，也可以按照国务院著作权行政管理部门会同有关部门制定的付酬标准支付报酬。当事人约定不明确的，按照国务院著作权行政管理部门会同有关部门制定的付酬标准支付报酬。

第二十八条　【取得他人著作权使用权者的权利限制】出版者、表演者、录音录像制作者、广播电台、电视台等依照本法有关规定使用他人作品的，不得侵犯作者的署名权、修改权、保护作品完整权和获得报酬的权利。

第四章　出版、表演、录音录像、播放

第一节　图书、报刊的出版

第二十九条　【出版合同】图书出版者出版图书应当和著作权人订立出版合同，并支付报酬。

第三十条 　**【专有出版权】**图书出版者对著作权人交付出版的作品，按照合同约定享有的专有出版权受法律保护，他人不得出版该作品。

第三十一条 　**【出版者与著作权人的义务】**著作权人应当按照合同约定期限交付作品。图书出版者应当按照合同约定的出版质量、期限出版图书。

图书出版者不按照合同约定期限出版，应当依照本法第五十三条的规定承担民事责任。

图书出版者重印、再版作品的，应当通知著作权人，并支付报酬。图书脱销后，图书出版者拒绝重印、再版的，著作权人有权终止合同。

◆ 著作权人寄给图书出版者的两份订单在 6 个月内未能得到履行，视为本条所称图书脱销。(《著条例》29)

第三十二条 　**【报社、期刊社的权利和义务】**著作权人向报社、期刊社投稿的，自稿件发出之日起十五日内未收到报社通知决定刊登的，或者自稿件发出之日起三十日内未收到期刊社通知决定刊登的，可以将同一作品向其他报社、期刊社投稿。双方另有约定的除外。

作品刊登后，除著作权人声明不得转载、摘编的外，其他报刊可以转载或者作为文摘、资料刊登，但应当按照规定向著作权人支付报酬。

◆ 转载，是指报纸、期刊登载其他报刊已发表作品的行为。转载未注明被转载作品的作者和最初登载的报刊出处的，应当承担消除影响、赔礼道歉等民事责任。(《著解释》17)

◆ 著作权人依照本条第 2 款声明不得转载、摘编其作品的，应当在报纸、期刊刊登该作品时附带声明。(《著条例》30)

第三十三条 　**【图书出版者、报社、期刊社对作品的修改权】**图书出版者经作者许可，可以对作品修改、删节。

报社、期刊社可以对作品作文字性修改、删节。对内容的修改，应当经作者许可。

第三十四条 　**【出版演绎作品的义务】**出版改编、翻译、注释、整理、汇编已有作品而产生的作品，应当取得改编、翻译、注释、整理、汇编作品的著作权人和原作品的著作权人许可，并支付报酬。

◆ 本条规定意为，出版演绎作品，应当取得演绎作品作品的著作权人和原作品的著作权人的双重许可，并双重支付报酬。

第三十五条 【版式设计的专有使用权】出版者有权许可或者禁止他人使用其出版的图书、期刊的版式设计。

前款规定的权利的保护期为十年，截止于使用该版式设计的图书、期刊首次出版后第十年的 12 月 31 日。

◆ 版式设计，是对印刷品的版面格式的设计，包括对版心、排式、用字、行距、标点等版面布局因素的安排，是出版者在编辑加工作品时完成的劳动成果。

第二节 表 演

第三十六条 【表演者的义务】使用他人作品演出，表演者（演员、演出单位）应当取得著作权人许可，并支付报酬。演出组织者组织演出，由该组织者取得著作权人许可，并支付报酬。

使用改编、翻译、注释、整理已有作品而产生的作品进行演出，应当取得改编、翻译、注释、整理作品的著作权人和原作品的著作权人许可，并支付报酬。

◆ 表演者，是指演员、演出单位或者其他表演文学、艺术作品的人［《著条例》5（六）］。一般而言，在没有作品被表演的情况下，演出就不属于著作权法上所说的表演，故体育比赛一般不属于表演，只是从事竞技活动而没有表演文学艺术作品的运动员，不属于"表演者"。

◆ 表演者无论使用已发表作品还是未发表作品，都应取得著作权人的许可。

第三十七条 【表演者的权利】表演者对其表演享有下列权利：

（一）表明表演者身份；

（二）保护表演形象不受歪曲；

（三）许可他人从现场直播和公开传送其现场表演，并获得报酬；

（四）许可他人录音录像，并获得报酬；

16

（五）许可他人复制、发行录有其表演的录音录像制品，并获得报酬；

（六）许可他人通过信息网络向公众传播其表演，并获得报酬。

被许可人以前款第（三）项至第（六）项规定的方式使用作品，还应当取得著作权人许可，并支付报酬。

◈ 区别表演权与表演者权：表演权是著作财产权的一项内容，是指著作权人自己或许可他人公开表演作品以及用各种手段公开播送作品的表演的权利；表演者权是著作邻接权的一种，是指表演者对自己的现场表演所享有的权利。依本条规定，表演者权包括：①表演者身份权；②表演形象权；③播送权；④录制权；⑤复制权；⑥发行权；⑦网络传播权。

第三十八条 【表演者权的保护期】本法第三十七条第一款第（一）项、第（二）项规定的权利的保护期不受限制。

本法第三十七条第一款第（三）项至第（六）项规定的权利的保护期为五十年，截止于该表演发生后第五十年的 12 月 31 日。

第三节 录音录像

第三十九条 【录音录像制作者的义务】录音录像制作者使用他人作品制作录音录像制品，应当取得著作权人许可，并支付报酬。

录音录像制作者使用改编、翻译、注释、整理已有作品而产生的作品，应当取得改编、翻译、注释、整理作品的著作权人和原作品著作权人许可，并支付报酬。

录音制作者使用他人已经合法录制为录音制品的音乐作品制作录音制品，可以不经著作权人许可，但应当按照规定支付报酬；著作权人声明不许使用的不得使用。

◈ 录音制品，是指任何对表演的声音和其他声音的录制品；录像制品，是指电影作品和以类似摄制电影的方法创作的作品以外的任何有伴音或者无伴音的连续相关形象、图像的录制品；录音制作者，是指录音制品的首次制作人；录像制作者，是指录像制品的首次制作人。（《著条例》5）

◈ 著作权人依照本条第 3 款声明不得对其作品制作录音制

17

品的，应当在该作品合法录制为录音制品时声明。(《著条例》31)

第四十条　【录音录像制作者的义务】录音录像制作者制作录音录像制品，应当同表演者订立合同，并支付报酬。

第四十一条　【录音录像制作者的权利】录音录像制作者对其制作的录音录像制品，享有许可他人复制、发行、出租、通过信息网络向公众传播并获得报酬的权利；权利的保护期为五十年，截止于该制品首次制作完成后第五十年的 12 月 31 日。

被许可人复制、发行、通过信息网络向公众传播录音录像制品，还应当取得著作权人、表演者许可，并支付报酬。

第四节　广播电台、电视台播放

第四十二条　【广播电台、电视台对著作权人的义务】广播电台、电视台播放他人未发表的作品，应当取得著作权人许可，并支付报酬。

广播电台、电视台播放他人已发表的作品，可以不经著作权人许可，但应当支付报酬。

第四十三条　【播放已经出版的录音制品时的义务】广播电台、电视台播放已经出版的录音制品，可以不经著作权人许可，但应当支付报酬。当事人另有约定的除外。具体办法由国务院规定。

第四十四条　【广播电台、电视台的权利】广播电台、电视台有权禁止未经其许可的下列行为：

（一）将其播放的广播、电视转播；

（二）将其播放的广播、电视录制在音像载体上以及复制音像载体。

前款规定的权利的保护期为五十年，截止于该广播、电视首次播放后第五十年的 12 月 31 日。

◆【条文参见】《著条例》35

第四十五条　【电视台播放他人电影作品的义务】电视台播放他人的电影作品和以类似摄制电影的方法创作的作品、录像制品，应当取得制片者或者录像制作者许可，并支付报酬；播放他人的录像制品，还应当取得著作权人许可，并支付报酬。

18

第五章　法律责任和执法措施

第四十六条　【承担民事责任的侵权行为】有下列侵权行为的，应当根据情况，承担停止侵害、消除影响、赔礼道歉、赔偿损失等民事责任：

（一）未经著作权人许可，发表其作品的；

（二）未经合作作者许可，将与他人合作创作的作品当作自己单独创作的作品发表的；

（三）没有参加创作，为谋取个人名利，在他人作品上署名的；

（四）歪曲、篡改他人作品的；

（五）剽窃他人作品的；

（六）未经著作权人许可，以展览、摄制电影和以类似摄制电影的方法使用作品，或者以改编、翻译、注释等方式使用作品的，本法另有规定的除外；

（七）使用他人作品，应当支付报酬而未支付的；

（八）未经电影作品和以类似摄制电影的方法创作的作品、计算机软件、录音录像制品的著作权人或者与著作权有关的权利人许可，出租其作品或者录音录像制品的，本法另有规定的除外；

（九）未经出版者许可，使用其出版的图书、期刊的版式设计的；

（十）未经表演者许可，从现场直播或者公开传送其现场表演，或者录制其表演的；

（十一）其他侵犯著作权以及与著作权有关的权益的行为。

第四十七条　【承担民事责任、行政责任和刑事责任的侵权行为】有下列侵权行为的，应当根据情况，承担停止侵害、消除影响、赔礼道歉、赔偿损失等民事责任；同时损害公共利益的，可以由著作权行政管理部门责令停止侵权行为，没收违法所得，没收、销毁侵权复制品，并可处以罚款；情节严重的，著作权行政管理部门还可以没收主要用于制作侵权复制品的材料、工具、设备等；构成犯罪的，依法追究刑事责任：

（一）未经著作权人许可，复制、发行、表演、放映、广播、汇编、通过信息网络向公众传播其作品的，本法另有规定的除外；

（二）出版他人享有专有出版权的图书的；

（三）未经表演者许可，复制、发行录有其表演的录音录像制品，或者通过信息网络向公众传播其表演的，本法另有规定的除外；

（四）未经录音录像制作者许可，复制、发行、通过信息网络向公众传播其制作的录音录像制品的，本法另有规定的除外；

（五）未经许可，播放或者复制广播、电视的，本法另有规定的除外；

（六）未经著作权人或者与著作权有关的权利人许可，故意避开或者破坏权利人为其作品、录音录像制品等采取的保护著作权或者与著作权有关的权利的技术措施的，法律、行政法规另有规定的除外；

（七）未经著作权人或者与著作权有关的权利人许可，故意删除或者改变作品、录音录像制品等的权利管理电子信息的，法律、行政法规另有规定的除外；

（八）制作、出售假冒他人署名的作品的。

◆ 因侵犯著作权行为提起的民事诉讼，由本法第46、47条所规定侵权行为的实施地、侵权复制品储藏地或者查封扣押地、被告住所地人民法院管辖。侵权复制品储藏地，是指大量或者经营性储存、隐匿侵权复制品所在地；查封扣押地，是指海关、版权、工商等行政机关依法查封、扣押侵权复制品所在地。（《著解释》4）

◆ 网络著作权侵权纠纷案件由侵权行为地或者被告住所地人民法院管辖。侵权行为地包括实施被诉侵权行为的网络服务器、计算机终端等设备所在地。对难以确定侵权行为地和被告住所地的，原告发现侵权内容的计算机终端等设备所在地可以视为侵权行为地。

◆ 有本条所列侵权行为，同时损害社会公共利益的，著作权行政管理部门可以处非法经营额3倍以下的罚款；非法经营额难以计算的，可以处10万元以下的罚款。（《著条例》36）

◆ 出版者、制作者应当对其出版、制作有合法授权承担举证责任，发行者、出租者应当对其发行或者出租的复制品有合法来源承担举证责任。举证不能的，依据第46条和本条的相应规定承担法律责任。（《著解释》19）

◆ 对本条规定的侵权行为，法院根据当事人的请求除追究行为人民事责任外，还可以依据民法通则的有关规定给予民事制裁。著作权行政管理部门对相同的侵权行为已经给予行政处罚的，人民法院不再予以民事制裁。（《著解释》29）

第四十八条 【赔偿标准】侵犯著作权或者与著作权有关的权利的，侵权人应当按照权利人的实际损失给予赔偿；实际损失难以计算的，可以按照侵权人的违法所得给予赔偿。赔偿数额还应当包括权利人为制止侵权行为为所支付的合理开支。

权利人的实际损失或者侵权人的违法所得不能确定的，由人民法院根据侵权行为的情节，判决给予五十万元以下的赔偿。

◆ 本条第 1 款规定的制止侵权行为所支付的合理开支，包括权利人或者委托代理人对侵权行为进行调查、取证的合理费用。法院根据当事人的诉讼请求和具体案情，可以将符合国家有关部门规定的律师费用计算在赔偿范围内。（《著解释》26）

◆ 权利人的实际损失，可以根据权利人因侵权所造成复制品发行减少量或者侵权复制品销售量与权利人发行该复制品单位利润乘积计算。发行减少量难以确定的，按照侵权复制品市场销售量确定。

◆ 出版物侵犯他人著作权的，出版者应当根据其过错、侵权程度及损害后果等承担民事赔偿责任。出版者对其出版行为的授权、稿件来源和署名、所编辑出版物的内容等未尽到合理注意义务的，依据本条的规定，承担赔偿责任。出版者尽了合理注意义务，著作权人也无证据证明出版者应当知道其出版涉及侵权的，依据民法通则有关规定，出版者承担停止侵权、返还其侵权所得利润的民事责任。出版者所尽合理注意义务情况，由出版者承担举证责任。（《著解释》20）

【条文参见】《著解释》20、24－27

第四十九条 【诉前禁止令】著作权人或者与著作权有关的权利人有证据证明他人正在实施或者即将实施侵犯其权利的行为，如不及时制止将会使其合法权益受到难以弥补的损害的，可以在起诉前向人民法院申请采取责令停止有关行为和财产保全的措施。

人民法院处理前款申请，适用《中华人民共和国民事诉讼法》第九十三条至第九十六条和第九十九条的规定。

第五十条　【诉前证据保全】 为制止侵权行为，在证据可能灭失或者以后难以取得的情况下，著作权人或者与著作权有关的权利人可以在起诉前向人民法院申请保全证据。

人民法院接受申请后，必须在四十八小时内作出裁定；裁定采取保全措施的，应当立即开始执行。

人民法院可以责令申请人提供担保，申请人不提供担保的，驳回申请。

申请人在人民法院采取保全措施后十五日内不起诉的，人民法院应当解除保全措施。

第五十一条　【人民法院对侵权行为的民事制裁】 人民法院审理案件，对于侵犯著作权或者与著作权有关的权利的，可以没收违法所得、侵权复制品以及进行违法活动的财物。

第五十二条　【有关复制品侵权的过错推定】 复制品的出版者、制作者不能证明其出版、制作有合法授权的，复制品的发行者或者电影作品或者以类似摄制电影的方法创作的作品、计算机软件、录音录像制品的复制品的出租者不能证明其发行、出租的复制品有合法来源的，应当承担法律责任。

第五十三条　【违约责任】 当事人不履行合同义务或者履行合同义务不符合约定条件的，应当依照《中华人民共和国民法通则》、《中华人民共和国合同法》等有关法律规定承担民事责任。

◆ 出版者将著作权人交付出版的作品丢失、毁损致使出版合同不能履行的，依据本条、民法通则第117条、合同法第122条的规定追究出版者的民事责任。（《著解释》第23条）

第五十四条　【著作权纠纷的解决】 著作权纠纷可以调解，也可以根据当事人达成的书面仲裁协议或者著作权合同中的仲裁条款，向仲裁机构申请仲裁。

当事人没有书面仲裁协议，也没有在著作权合同中订立仲裁条款的，可以直接向人民法院起诉。

◆ 人民法院受理以下著作权民事纠纷案件：①著作权及与著作权有关权益权属、侵权、合同纠纷案件；②申请诉前停止侵犯著作权、与著作权有关权益行为，申请诉前财产保全、诉前证据保全案件；③其他著作权、与著作权有关权益纠纷案件。（《著解释》1）

◆ 著作权民事纠纷案件，由中级以上人民法院管辖。各高级人民法院根据本辖区的实际情况，可以确定若干基层人民法院管辖第一审著作权民事纠纷案件。（《著解释》2）

◆ 侵犯著作权的诉讼时效为2年，自著作权人知道或者应当知道侵权行为之日起计算。权利人超过2年起诉的，如果侵权行为在起诉时仍在持续，在该著作权保护期内，人民法院应当判决被告停止侵权行为；侵权损害赔偿数额应当自权利人向人民法院起诉之日起向前推算2年计算。（《著解释》28）

第五十五条 【对行政处罚不服的救济】当事人对行政处罚不服的，可以自收到行政处罚决定书之日起三个月内向人民法院起诉，期满不起诉又不履行的，著作权行政管理部门可以申请人民法院执行。

◆【条文参见】《著解释》1－8、28、30、31

第六章 附 则

第五十六条 【著作权与版权的关系】本法所称的著作权即版权。

第五十七条 【出版的含义】本法第二条所称的出版，指作品的复制、发行。

第五十八条 【计算机软件、信息网络传播权的保护】计算机软件、信息网络传播权的保护办法由国务院另行规定。

第五十九条 【追溯力】本法规定的著作权人和出版者、表演者、录音录像制作者、广播电台、电视台的权利，在本法施行之日尚未超过本法规定的保护期的，依照本法予以保护。

本法施行前发生的侵权或者违约行为，依照侵权或者违约行为发生时的有关规定和政策处理。

第六十条　【施行日期】本法自 1991 年 6 月 1 日起施行。

中华人民共和国著作权法
实 施 条 例

（2002 年 8 月 2 日中华人民共和国国务院令第 359 号
公布　自 2002 年 9 月 15 日起施行）

第一条　根据《中华人民共和国著作权法》（以下简称著作权法），制定本条例。

第二条　著作权法所称作品，是指文学、艺术和科学领域内具有独创性并能以某种有形形式复制的智力成果。

第三条　著作权法所称创作，是指直接产生文学、艺术和科学作品的智力活动。

为他人创作进行组织工作，提供咨询意见、物质条件，或者进行其他辅助工作，均不视为创作。

第四条　著作权法和本条例中下列作品的含义：

（一）文字作品，是指小说、诗词、散文、论文等以文字形式表现的作品；

（二）口述作品，是指即兴的演说、授课、法庭辩论等以口头语言形式表现的作品；

（三）音乐作品，是指歌曲、交响乐等能够演唱或者演奏的带词或者不带词的作品；

（四）戏剧作品，是指话剧、歌剧、地方戏等供舞台演出的作品；

（五）曲艺作品，是指相声、快书、大鼓、评书等以说唱为主要形式表演的作品；

（六）舞蹈作品，是指通过连续的动作、姿势、表情等表现思想情感的作品；

（七）杂技艺术作品，是指杂技、魔术、马戏等通过形体动作和技巧表现的作品；

（八）美术作品，是指绘画、书法、雕塑等以线条、色彩或者其他方

25

式构成的有审美意义的平面或者立体的造型艺术作品；

（九）建筑作品，是指以建筑物或者构筑物形式表现的有审美意义的作品；

（十）摄影作品，是指借助器械在感光材料或者其他介质上记录客观物体形象的艺术作品；

（十一）电影作品和以类似摄制电影的方法创作的作品，是指摄制在一定介质上，由一系列有伴音或者无伴音的画面组成，并且借助适当装置放映或者以其他方式传播的作品；

（十二）图形作品，是指为施工、生产绘制的工程设计图、产品设计图，以及反映地理现象、说明事物原理或者结构的地图、示意图等作品；

（十三）模型作品，是指为展示、试验或者观测等用途，根据物体的形状和结构，按照一定比例制成的立体作品。

第五条 著作权法和本条例中下列用语的含义：

（一）时事新闻，是指通过报纸、期刊、广播电台、电视台等媒体报道的单纯事实消息；

（二）录音制品，是指任何对表演的声音和其他声音的录制品；

（三）录像制品，是指电影作品和以类似摄制电影的方法创作的作品以外的任何有伴音或者无伴音的连续相关形象、图像的录制品；

（四）录音制作者，是指录音制品的首次制作人；

（五）录像制作者，是指录像制品的首次制作人；

（六）表演者，是指演员、演出单位或者其他表演文学、艺术作品的人。

第六条 著作权自作品创作完成之日起产生。

第七条 著作权法第二条第三款规定的首先在中国境内出版的外国人、无国籍人的作品，其著作权自首次出版之日起受保护。

第八条 外国人、无国籍人的作品在中国境外首先出版后，30 日内在中国境内出版的，视为该作品同时在中国境内出版。

第九条 合作作品不可以分割使用的，其著作权由各合作作者共同享有，通过协商一致行使；不能协商一致，又无正当理由的，任何一方不得阻止他方行使除转让以外的其他权利，但是所得收益应当合理分配给所有合作作者。

第十条　著作权人许可他人将其作品摄制成电影作品和以类似摄制电影的方法创作的作品的，视为已同意对其作品进行必要的改动，但是这种改动不得歪曲篡改原作品。

第十一条　著作权法第十六条第一款关于职务作品的规定中的"工作任务"，是指公民在该法人或者该组织中应当履行的职责。

著作权法第十六条第二款关于职务作品的规定中的"物质技术条件"，是指该法人或者该组织为公民完成创作专门提供的资金、设备或者资料。

第十二条　职务作品完成两年内，经单位同意，作者许可第三人以与单位使用的相同方式使用作品所获报酬，由作者与单位按约定的比例分配。

作品完成两年的期限，自作者向单位交付作品之日起计算。

第十三条　作者身份不明的作品，由作品原件的所有人行使除署名权以外的著作权。作者身份确定后，由作者或者其继承人行使著作权。

第十四条　合作作者之一死亡后，其对合作作品享有的著作权法第十条第一款第（五）项至第（十七）项规定的权利无人继承又无人受遗赠的，由其他合作作者享有。

第十五条　作者死亡后，其著作权中的署名权、修改权和保护作品完整权由作者的继承人或者受遗赠人保护。

著作权无人继承又无人受遗赠的，其署名权、修改权和保护作品完整权由著作权行政管理部门保护。

第十六条　国家享有著作权的作品的使用，由国务院著作权行政管理部门管理。

第十七条　作者生前未发表的作品，如果作者未明确表示不发表，作者死亡后50年内，其发表权可由继承人或者受遗赠人行使；没有继承人又无人受遗赠的，由作品原件的所有人行使。

第十八条　作者身份不明的作品，其著作权法第十条第一款第（五）项至第（十七）项规定的权利的保护期截止于作品首次发表后第50年的12月31日。作者身份确定后，适用著作权法第二十一条的规定。

第十九条　使用他人作品的，应当指明作者姓名、作品名称；但是，当事人另有约定或者由于作品使用方式的特性无法指明的除外。

第二十条　著作权法所称已经发表的作品，是指著作权人自行或者许可他人公之于众的作品。

第二十一条 依照著作权法有关规定，使用可以不经著作权人许可的已经发表的作品的，不得影响该作品的正常使用，也不得不合理地损害著作权人的合法利益。

第二十二条 依照著作权法第二十三条、第三十二条第二款、第三十九条第三款的规定使用作品的付酬标准，由国务院著作权行政管理部门会同国务院价格主管部门制定、公布。

第二十三条 使用他人作品应当同著作权人订立许可使用合同，许可使用的权利是专有使用权的，应当采取书面形式，但是报社、期刊社刊登作品除外。

第二十四条 著作权法第二十四条规定的专有使用权的内容由合同约定，合同没有约定或者约定不明的，视为被许可人有权排除包括著作权人在内的任何人以同样的方式使用作品；除合同另有约定外，被许可人许可第三人行使同一权利，必须取得著作权人的许可。

第二十五条 与著作权人订立专有许可使用合同、转让合同的，可以向著作权行政管理部门备案。

第二十六条 著作权法和本条例所称与著作权有关的权益，是指出版者对其出版的图书和期刊的版式设计享有的权利，表演者对其表演享有的权利，录音录像制作者对其制作的录音录像制品享有的权利，广播电台、电视台对其播放的广播、电视节目享有的权利。

第二十七条 出版者、表演者、录音录像制作者、广播电台、电视台行使权利，不得损害被使用作品和原作品著作权人的权利。

第二十八条 图书出版合同中约定图书出版者享有专有出版权但没有明确其具体内容的，视为图书出版者享有在合同有效期限内和在合同约定的地域范围内以同种文字的原版、修订版出版图书的专有权利。

第二十九条 著作权人寄给图书出版者的两份订单在6个月内未能得到履行，视为著作权法第三十一条所称图书脱销。

第三十条 著作权人依照著作权法第三十二条第二款声明不得转载、摘编其作品的，应当在报纸、期刊刊登该作品时附带声明。

第三十一条 著作权人依照著作权法第三十九条第三款声明不得对其作品制作录音制品的，应当在该作品合法录制为录音制品时声明。

第三十二条 依照著作权法第二十三条、第三十二条第二款、第三十九条第三款的规定，使用他人作品的，应当自使用该作品之日起2个月内向著作权人支付报酬。

第三十三条 外国人、无国籍人在中国境内的表演，受著作权法保护。

外国人、无国籍人根据中国参加的国际条约对其表演享有的权利，受著作权法保护。

第三十四条 外国人、无国籍人在中国境内制作、发行的录音制品，受著作权法保护。

外国人、无国籍人根据中国参加的国际条约对其制作、发行的录音制品享有的权利，受著作权法保护。

第三十五条 外国的广播电台、电视台根据中国参加的国际条约对其播放的广播、电视节目享有的权利，受著作权法保护。

第三十六条 有著作权法第四十七条所列侵权行为，同时损害社会公共利益的，著作权行政管理部门可以处非法经营额3倍以下的罚款；非法经营额难以计算的，可以处10万元以下的罚款。

第三十七条 有著作权法第四十七条所列侵权行为，同时损害社会公共利益的，由地方人民政府著作权行政管理部门负责查处。

国务院著作权行政管理部门可以查处在全国有重大影响的侵权行为。

第三十八条 本条例自2002年9月15日起施行。1991年5月24日国务院批准、1991年5月30日国家版权局发布的《中华人民共和国著作权法实施条例》同时废止。

计算机软件保护条例

（2001 年 12 月 20 日中华人民共和国国务院令第 339 号

公布　2002 年 1 月 1 日起施行）

第一章　总　　则

第一条　为了保护计算机软件著作权人的权益，调整计算机软件在开发、传播和使用中发生的利益关系，鼓励计算机软件的开发与应用，促进软件产业和国民经济信息化的发展，根据《中华人民共和国著作权法》，制定本条例。

第二条　本条例所称计算机软件（以下简称软件），是指计算机程序及其有关文档。

第三条　本条例下列用语的含义：

（一）计算机程序，是指为了得到某种结果而可以由计算机等具有信息处理能力的装置执行的代码化指令序列，或者可以被自动转换成代码化指令序列的符号化指令序列或者符号化语句序列。同一计算机程序的源程序和目标程序为同一作品。

（二）文档，是指用来描述程序的内容、组成、设计、功能规格、开发情况、测试结果及使用方法的文字资料和图表等，如程序设计说明书、流程图、用户手册等。

（三）软件开发者，是指实际组织开发、直接进行开发，并对开发完成的软件承担责任的法人或者其他组织；或者依靠自己具有的条件独立完成软件开发，并对软件承担责任的自然人。

（四）软件著作权人，是指依照本条例的规定，对软件享有著作权的自然人、法人或者其他组织。

第四条　受本条例保护的软件必须由开发者独立开发，并已固定在某种有形物体上。

第五条 中国公民、法人或者其他组织对其所开发的软件，不论是否发表，依照本条例享有著作权。

外国人、无国籍人的软件首先在中国境内发行的，依照本条例享有著作权。

外国人、无国籍人的软件，依照其开发者所属国或者经常居住地国同中国签订的协议或者依照中国参加的国际条约享有的著作权，受本条例保护。

第六条 本条例对软件著作权的保护不延及开发软件所用的思想、处理过程、操作方法或者数学概念等。

第七条 软件著作权人可以向国务院著作权行政管理部门认定的软件登记机构办理登记。软件登记机构发放的登记证明文件是登记事项的初步证明。

办理软件登记应当缴纳费用。软件登记的收费标准由国务院著作权行政管理部门会同国务院价格主管部门规定。

第二章　软件著作权

第八条 软件著作权人享有下列各项权利：

（一）发表权，即决定软件是否公之于众的权利；

（二）署名权，即表明开发者身份，在软件上署名的权利；

（三）修改权，即对软件进行增补、删节，或者改变指令、语句顺序的权利；

（四）复制权，即将软件制作一份或者多份的权利；

（五）发行权，即以出售或者赠与方式向公众提供软件的原件或者复制件的权利；

（六）出租权，即有偿许可他人临时使用软件的权利，但是软件不是出租的主要标的的除外；

（七）信息网络传播权，即以有线或者无线方式向公众提供软件，使公众可以在其个人选定的时间和地点获得软件的权利；

（八）翻译权，即将原软件从一种自然语言文字转换成另一种自然语言文字的权利；

（九）应当由软件著作权人享有的其他权利。

软件著作权人可以许可他人行使其软件著作权，并有权获得报酬。

软件著作权人可以全部或者部分转让其软件著作权，并有权获得报酬。

第九条　软件著作权属于软件开发者，本条例另有规定的除外。

如无相反证明，在软件上署名的自然人、法人或者其他组织为开发者。

第十条　由两个以上的自然人、法人或者其他组织合作开发的软件，其著作权的归属由合作开发者签订书面合同约定。无书面合同或者合同未作明确约定，合作开发的软件可以分割使用的，开发者对各自开发的部分可以单独享有著作权；但是，行使著作权时，不得扩展到合作开发的软件整体的著作权。合作开发的软件不能分割使用的，其著作权由各合作开发者共同享有，通过协商一致行使；不能协商一致，又无正当理由的，任何一方不得阻止他方行使除转让权以外的其他权利，但是所得收益应当合理分配给所有合作开发者。

第十一条　接受他人委托开发的软件，其著作权的归属由委托人与受托人签订书面合同约定；无书面合同或者合同未作明确约定的，其著作权由受托人享有。

第十二条　由国家机关下达任务开发的软件，著作权的归属与行使由项目任务书或者合同规定；项目任务书或者合同中未作明确规定的，软件著作权由接受任务的法人或者其他组织享有。

第十三条　自然人在法人或者其他组织中任职期间所开发的软件有下列情形之一的，该软件著作权由该法人或者其他组织享有，该法人或者其他组织可以对开发软件的自然人进行奖励：

（一）针对本职工作中明确指定的开发目标所开发的软件；

（二）开发的软件是从事本职工作活动所预见的结果或者自然的结果；

（三）主要使用了法人或者其他组织的资金、专用设备、未公开的专门信息等物质技术条件所开发并由法人或者其他组织承担责任的软件。

第十四条　软件著作权自软件开发完成之日起产生。

自然人的软件著作权，保护期为自然人终生及其死亡后50年，截止于自然人死亡后第50年的12月31日；软件是合作开发的，截止于最后死亡的自然人死亡后第 50 年的 12 月 31 日。

法人或者其他组织的软件著作权，保护期为 50 年，截止于软件首次发表后第 50 年的 12 月 31 日，但软件自开发完成之日起 50 年内未发表的，本条例不再保护。

第十五条 软件著作权属于自然人的，该自然人死亡后，在软件著作权的保护期内，软件著作权的继承人可以依照《中华人民共和国继承法》的有关规定，继承本条例第八条规定的除署名权以外的其他权利。

软件著作权属于法人或者其他组织的，法人或者其他组织变更、终止后，其著作权在本条例规定的保护期内由承受其权利义务的法人或者其他组织享有；没有承受其权利义务的法人或者其他组织的，由国家享有。

第十六条 软件的合法复制品所有人享有下列权利：

（一）根据使用的需要把该软件装入计算机等具有信息处理能力的装置内；

（二）为了防止复制品损坏而制作备份复制品。这些备份复制品不得通过任何方式提供给他人使用，并在所有人丧失该合法复制品的所有权时，负责将备份复制品销毁；

（三）为了把该软件用于实际的计算机应用环境或者改进其功能、性能而进行必要的修改；但是，除合同另有约定外，未经该软件著作权人许可，不得向任何第三方提供修改后的软件。

第十七条 为了学习和研究软件内含的设计思想和原理，通过安装、显示、传输或者存储软件等方式使用软件的，可以不经软件著作权人许可，不向其支付报酬。

第三章　软件著作权的许可
使用和转让

第十八条 许可他人行使软件著作权的，应当订立许可使用合同。

许可使用合同中软件著作权人未明确许可的权利，被许可人不得行使。

第十九条 许可他人专有行使软件著作权的，当事人应当订立书面合同。

没有订立书面合同或者合同中未明确约定为专有许可的，被许可行使的权利应当视为非专有权利。

第二十条 转让软件著作权的，当事人应当订立书面合同。

第二十一条 订立许可他人专有行使软件著作权的许可合同，或者订立转让软件著作权合同，可以向国务院著作权行政管理部门认定的软件登记机构登记。

第二十二条 中国公民、法人或者其他组织向外国人许可或者转让软件著作权的，应当遵守《中华人民共和国技术进出口管理条例》的有关规定。

第四章　法律责任

第二十三条 除《中华人民共和国著作权法》或者本条例另有规定外，有下列侵权行为的，应当根据情况，承担停止侵害、消除影响、赔礼道歉、赔偿损失等民事责任：

（一）未经软件著作权人许可，发表或者登记其软件的；

（二）将他人软件作为自己的软件发表或者登记的；

（三）未经合作者许可，将与他人合作开发的软件作为自己单独完成的软件发表或者登记的；

（四）在他人软件上署名或者更改他人软件上的署名的；

（五）未经软件著作权人许可，修改、翻译其软件的；

（六）其他侵犯软件著作权的行为。

第二十四条 除《中华人民共和国著作权法》、本条例或者其他法律、行政法规另有规定外，未经软件著作权人许可，有下列侵权行为的，应当根据情况，承担停止侵害、消除影响、赔礼道歉、赔偿损失等民事责任；同时损害社会公共利益的，由著作权行政管理部门责令停止侵权行为，没收违法所得，没收、销毁侵权复制品，可以并处罚款；情节严重的，著作权行政管理部门并可以没收主要用于制作侵权复制品的材料、工具、设备等；触犯刑律的，依照刑法关于侵犯著作权罪、销售侵权复制品罪的规定，依法追究刑事责任：

（一）复制或者部分复制著作权人的软件的；

（二）向公众发行、出租、通过信息网络传播著作权人的软件的；

（三）故意避开或者破坏著作权人为保护其软件著作权而采取的技术措施的；

（四）故意删除或者改变软件权利管理电子信息的；

（五）转让或者许可他人行使著作权人的软件著作权的。

有前款第（一）项或者第（二）项行为的，可以并处每件100元或者货值金额5倍以下的罚款；有前款第（三）项、第（四）项或者第（五）项行为的，可以并处5万元以下的罚款。

第二十五条 侵犯软件著作权的赔偿数额，依照《中华人民共和国著作权法》第四十八条的规定确定。

第二十六条 软件著作权人有证据证明他人正在实施或者即将实施侵犯其权利的行为，如不及时制止，将会使其合法权益受到难以弥补的损害的，可以依照《中华人民共和国著作权法》第四十九条的规定，在提起诉讼前向人民法院申请采取责令停止有关行为和财产保全的措施。

第二十七条 为了制止侵权行为，在证据可能灭失或者以后难以取得的情况下，软件著作权人可以依照《中华人民共和国著作权法》第五十条的规定，在提起诉讼前向人民法院申请保全证据。

第二十八条 软件复制品的出版者、制作者不能证明其出版、制作有合法授权的，或者软件复制品的发行者、出租者不能证明其发行、出租的复制品有合法来源的，应当承担法律责任。

第二十九条 软件开发者开发的软件，由于可供选用的表达方式有限而与已经存在的软件相似的，不构成对已经存在的软件的著作权的侵犯。

第三十条 软件的复制品持有人不知道也没有合理理由应当知道该软件是侵权复制品的，不承担赔偿责任；但是，应当停止使用、销毁该侵权复制品。如果停止使用并销毁该侵权复制品将给复制品使用人造成重大损失的，复制品使用人可以在向软件著作权人支付合理费用后继续使用。

第三十一条 软件著作权侵权纠纷可以调解。

软件著作权合同纠纷可以依据合同中的仲裁条款或者事后达成的书面仲裁协议，向仲裁机构申请仲裁。

当事人没有在合同中订立仲裁条款，事后又没有书面仲裁协议的，可以直接向人民法院提起诉讼。

第五章 附   则

第三十二条 本条例施行前发生的侵权行为，依照侵权行为发生时的国家有关规定处理。

第三十三条 本条例自 2002 年 1 月 1 日起施行。1991 年 6 月 4 日国务院发布的《计算机软件保护条例》同时废止。

著作权集体管理条例

(2004 年 12 月 22 日国务院第 74 次常务会议通过
2004 年 12 月 28 日中华人民共和国国务院令第 429 号
公布　自 2005 年 3 月 1 日起施行)

第一章　总　　则

第一条　为了规范著作权集体管理活动，便于著作权人和与著作权有关的权利人（以下简称权利人）行使权利和使用者使用作品，根据《中华人民共和国著作权法》（以下简称著作权法）制定本条例。

第二条　本条例所称著作权集体管理，是指著作权集体管理组织经权利人授权，集中行使权利人的有关权利并以自己的名义进行的下列活动：

（一）与使用者订立著作权或者与著作权有关的权利许可使用合同（以下简称许可使用合同）；

（二）向使用者收取使用费；

（三）向权利人转付使用费；

（四）进行涉及著作权或者与著作权有关的权利的诉讼、仲裁等。

第三条　本条例所称著作权集体管理组织，是指为权利人的利益依法设立，根据权利人授权、对权利人的著作权或者与著作权有关的权利进行集体管理的社会团体。

著作权集体管理组织应当依照有关社会团体登记管理的行政法规和本条例的规定进行登记并开展活动。

第四条　著作权法规定的表演权、放映权、广播权、出租权、信息网络传播权、复制权等权利人自己难以有效行使的权利，可以由著作权集体管理组织进行集体管理。

第五条　国务院著作权管理部门主管全国的著作权集体管理工作。

第六条　除依照本条例规定设立的著作权集体管理组织外，任何组织和个人不得从事著作权集体管理活动。

第二章 著作权集体管理
组织的设立

第七条 依法享有著作权或者与著作权有关的权利的中国公民、法人或者其他组织，可以发起设立著作权集体管理组织。

设立著作权集体管理组织，应当具备下列条件：

（一）发起设立著作权集体管理组织的权利人不少于50人；

（二）不与已经依法登记的著作权集体管理组织的业务范围交叉、重合；

（三）能在全国范围代表相关权利人的利益；

（四）有著作权集体管理组织的章程草案、使用费收取标准草案和向权利人转付使用费的办法（以下简称使用费转付办法）草案。

第八条 著作权集体管理组织章程应当载明下列事项：

（一）名称、住所；

（二）设立宗旨；

（三）业务范围；

（四）组织机构及其职权；

（五）会员大会的最低人数；

（六）理事会的职责及理事会负责人的条件和产生、罢免的程序；

（七）管理费提取、使用办法；

（八）会员加入、退出著作权集体管理组织的条件、程序；

（九）章程的修改程序；

（十）著作权集体管理组织终止的条件、程序和终止后资产的处理。

第九条 申请设立著作权集体管理组织，应当向国务院著作权管理部门提交证明符合本条例第七条规定的条件的材料。国务院著作权管理部门应当自收到材料之日起60日内，作出批准或者不予批准的决定。批准的，发给著作权集体管理许可证；不予批准的，应当说明理由。

第十条 申请人应当自国务院著作权管理部门发给著作权集体管理许可证之日起30日内，依照有关社会团体登记管理的行政法规到国务院民政部门办理登记手续。

第十一条　依法登记的著作权集体管理组织，应当自国务院民政部门发给登记证书之日起 30 日内，将其登记证书副本报国务院著作权管理部门备案；国务院著作权管理部门应当将报备的登记证书副本以及著作权集体管理组织章程、使用费收取标准、使用费转付办法予以公告。

第十二条　著作权集体管理组织设立分支机构，应当经国务院著作权管理部门批准，并依照有关社会团体登记管理的行政法规到国务院民政部门办理登记手续。经依法登记的，应当将分支机构的登记证书副本报国务院著作权管理部门备案，由国务院著作权管理部门予以公告。

第十三条　著作权集体管理组织应当根据下列因素制定使用费收取标准：

（一）使用作品、录音录像制品等的时间、方式和地域范围；

（二）权利的种类；

（三）订立许可使用合同和收取使用费工作的繁简程度。

第十四条　著作权集体管理组织应当根据权利人的作品或者录音录像制品等使用情况制定使用费转付办法。

第十五条　著作权集体管理组织修改章程，应当将章程修改草案报国务院著作权管理部门批准，并依法经国务院民政部门核准后，由国务院著作权管理部门予以公告。

第十六条　著作权集体管理组织被依法撤销登记的，自被撤销登记之日起不得再进行著作权集体管理业务活动。

第三章　著作权集体管理组织的机构

第十七条　著作权集体管理组织会员大会（以下简称会员大会）为著作权集体管理组织的权力机构。

会员大会由理事会依照本条例规定负责召集。理事会应当于会员大会召开 60 日以前将会议的时间、地点和拟审议事项予以公告；出席会员大会的会员，应当于会议召开 30 日以前报名。报名出席会员大会的会员少于章程规定的最低人数时，理事会应当将会员大会报名情况予以公告，会员可以于会议召开 5 日以前补充报名，并由全部报名出席会员大会的会员举行会员大会。

会员大会行使下列职权：

（一）制定和修改章程；

（二）制定和修改使用费收取标准；

（三）制定和修改使用费转付办法；

（四）选举和罢免理事；

（五）审议批准理事会的工作报告和财务报告；

（六）制定内部管理制度；

（七）决定使用费转付方案和著作权集体管理组织提取管理费的比例；

（八）决定其他重大事项。

会员大会每年召开一次；经10%以上会员或者理事会提议，可以召开临时会员大会。会员大会作出决定，应当经出席会议的会员过半数表决通过。

第十八条　著作权集体管理组织设立理事会，对会员大会负责，执行会员大会决定。理事会成员不得少于9人。

理事会任期为4年，任期届满应当进行换届选举。因特殊情况可以提前或者延期换届，但是换届延期不得超过1年。

第四章　著作权集体管理活动

第十九条　权利人可以与著作权集体管理组织以书面形式订立著作权集体管理合同，授权该组织对其依法享有的著作权或者与著作权有关的权利进行管理。权利人符合章程规定加入条件的，著作权集体管理组织应当与其订立著作权集体管理合同，不得拒绝。

权利人与著作权集体管理组织订立著作权集体管理合同并按照章程规定履行相应手续后，即成为该著作权集体管理组织的会员。

第二十条　权利人与著作权集体管理组织订立著作权集体管理合同后，不得在合同约定期限内自己行使或者许可他人行使合同约定的由著作权集体管理组织行使的权利。

第二十一条　权利人可以依照章程规定的程序，退出著作权集体管理组织，终止著作权集体管理合同。但是，著作权集体管理组织已经与他人订立许可使用合同的，该合同在期限届满前继续有效；该合同有效期内，权利人有权获得相应的使用费并可以查阅有关业务材料。

第二十二条　外国人、无国籍人可以通过与中国的著作权集体管理组织订立相互代表协议的境外同类组织，授权中国的著作权集体管理组织管理其依法在中国境内享有的著作权或者与著作权有关的权利。

前款所称相互代表协议，是指中国的著作权集体管理组织与境外的同类组织相互授权对方在其所在国家或者地区进行集体管理活动的协议。

著作权集体管理组织与境外同类组织订立的相互代表协议应当报国务院著作权管理部门备案，由国务院著作权管理部门予以公告。

第二十三条　著作权集体管理组织许可他人使用其管理的作品、录音录像制品等，应当与使用者以书面形式订立许可使用合同。

著作权集体管理组织不得与使用者订立专有许可使用合同。

使用者以合理的条件要求与著作权集体管理组织订立许可使用合同，著作权集体管理组织不得拒绝。

许可使用合同的期限不得超过2年；合同期限届满可以续订。

第二十四条　著作权集体管理组织应当建立权利信息查询系统，供权利人和使用者查询。权利信息查询系统应当包括著作权集体管理组织管理的权利种类和作品、录音录像制品等的名称、权利人姓名或者名称、授权管理的期限。

权利人和使用者对著作权集体管理组织管理的权利的信息进行咨询时，该组织应当予以答复。

第二十五条　除著作权法第二十三条、第三十二条第二款、第三十九条第三款、第四十二条第二款和第四十三条规定应当支付的使用费外，著作权集体管理组织应当根据国务院著作权管理部门公告的使用费收取标准，与使用者约定收取使用费的具体数额。

第二十六条　两个或者两个以上著作权集体管理组织就同一使用方式向同一使用者收取使用费，可以事先协商确定由其中一个著作权集体管理组织统一收取。统一收取的使用费在有关著作权集体管理组织之间经协商分配。

第二十七条　使用者向著作权集体管理组织支付使用费时，应当提供其使用的作品、录音录像制品等的名称、权利人姓名或者名称和使用的方式、数量、时间等有关使用情况；许可使用合同另有约定的除外。

使用者提供的有关使用情况涉及该使用者商业秘密的，著作权集体管理组织负有保密义务。

第二十八条　著作权集体管理组织可以从收取的使用费中提取一定比例作为管理费，用于维持其正常的业务活动。

著作权集体管理组织提取管理费的比例应当随着使用费收入的增加而逐步降低。

第二十九条　著作权集体管理组织收取的使用费，在提取管理费后，应当全部转付给权利人，不得挪作他用。

著作权集体管理组织转付使用费，应当编制使用费转付记录。使用费转付记录应当载明使用费总额、管理费数额、权利人姓名或者名称、作品或者录音录像制品等的名称、有关使用情况、向各权利人转付使用费的具体数额等事项，并应当保存10年以上。

第五章　对著作权集体管理
组织的监督

第三十条　著作权集体管理组织应当依法建立财务、会计制度和资产管理制度，并按照国家有关规定设置会计账簿。

第三十一条　著作权集体管理组织的资产使用和财务管理受国务院著作权管理部门和民政部门的监督。

著作权集体管理组织应当在每个会计年度结束时制作财务会计报告，委托会计师事务所依法进行审计，并公布审计结果。

第三十二条　著作权集体管理组织应当对下列事项进行记录，供权利人和使用者查阅：

（一）作品许可使用情况；

（二）使用费收取和转付情况；

（三）管理费提取和使用情况。

权利人有权查阅、复制著作权集体管理组织的财务报告、工作报告和其他业务材料；著作权集体管理组织应当提供便利。

第三十三条　权利人认为著作权集体管理组织有下列情形之一的，可以向国务院著作权管理部门检举：

（一）权利人符合章程规定的加入条件要求加入著作权集体管理组织，或者会员依照章程规定的程序要求退出著作权集体管理组织，著作权集体管理组织拒绝的；

（二）著作权集体管理组织不按照规定收取、转付使用费，或者不按照规定提取、使用管理费的；

（三）权利人要求查阅本条例第三十二条规定的记录、业务材料，著作权集体管理组织拒绝提供的。

第三十四条　使用者认为著作权集体管理组织有下列情形之一的，可以向国务院著作权管理部门检举：

（一）著作权集体管理组织违反本条例第二十三条规定拒绝与使用者订立许可使用合同的；

（二）著作权集体管理组织未根据公告的使用费收取标准约定收取使用费的具体数额的；

（三）使用者要求查阅本条例第三十二条规定的记录，著作权集体管理组织拒绝提供的。

第三十五条　权利人和使用者以外的公民、法人或者其他组织认为著作权集体管理组织有违反本条例规定的行为的，可以向国务院著作权管理部门举报。

第三十六条　国务院著作权管理部门应当自接到检举、举报之日起60日内对检举、举报事项进行调查并依法处理。

第三十七条　国务院著作权管理部门可以采取下列方式对著作权集体管理组织进行监督，并应当对监督活动作出记录：

（一）检查著作权集体管理组织的业务活动是否符合本条例及其章程的规定；

（二）核查著作权集体管理组织的会计账簿、年度预算和决算报告及其他有关业务材料；

（三）派员列席著作权集体管理组织的会员大会、理事会等重要会议。

第三十八条　著作权集体管理组织应当依法接受国务院民政部门和其他有关部门的监督。

第六章　法律责任

第三十九条　著作权集体管理组织有下列情形之一的，由国务院著作权管理部门责令限期改正：

（一）违反本条例第二十二条规定，未将与境外同类组织订立的相互代表协议报国务院著作权管理部门备案的；

（二）违反本条例第二十四条规定，未建立权利信息查询系统的；

（三）未根据公告的使用费收取标准约定收取使用费的具体数额的。

著作权集体管理组织超出业务范围管理权利人的权利的，由国务院著作权管理部门责令限期改正，其与使用者订立的许可使用合同无效；给权利人、使用者造成损害的，依法承担民事责任。

第四十条　著作权集体管理组织有下列情形之一的，由国务院著作权管理部门责令限期改正；逾期不改正的，责令会员大会或者理事会根据本条例规定的权限罢免或者解聘直接负责的主管人员：

（一）违反本条例第十九条规定拒绝与权利人订立著作权集体管理合同的，或者违反本条例第二十一条的规定拒绝会员退出该组织的要求的；

（二）违反本条例第二十三条规定，拒绝与使用者订立许可使用合同的；

（三）违反本条例第二十八条规定提取管理费的；

（四）违反本条例第二十九条规定转付使用费的；

（五）拒绝提供或者提供虚假的会计账簿、年度预算和决算报告或者其他有关业务材料的。

第四十一条　著作权集体管理组织自国务院民政部门发给登记证书之日起超过6个月无正当理由未开展著作权集体管理活动，或者连续中止著作权集体管理活动6个月以上的，由国务院著作权管理部门吊销其著作权集体管理许可证，并由国务院民政部门撤销登记。

第四十二条　著作权集体管理组织从事营利性经营活动的，由工商行政管理部门依法予以取缔，没收违法所得；构成犯罪的，依法追究刑事责任。

第四十三条　违反本条例第二十七条的规定，使用者能够提供有关使用情况而拒绝提供，或者在提供有关使用情况时弄虚作假的，由国务院著作权管理部门责令改正；著作权集体管理组织可以中止许可使用合同。

第四十四条 擅自设立著作权集体管理组织或者分支机构，或者擅自从事著作权集体管理活动的，由国务院著作权管理部门或者民政部门依照职责分工予以取缔，没收违法所得；构成犯罪的，依法追究刑事责任。

第四十五条 依照本条例规定从事著作权集体管理组织审批和监督工作的国家行政机关工作人员玩忽职守、滥用职权、徇私舞弊，构成犯罪的，依法追究刑事责任；尚不构成犯罪的，依法给予行政处分。

第七章　附　　则

第四十六条 本条例施行前已经设立的著作权集体管理组织，应当自本条例生效之日起3个月内，将其章程、使用费收取标准、使用费转付办法及其他有关材料报国务院著作权管理部门审核，并将其与境外同类组织订立的相互代表协议报国务院著作权管理部门备案。

第四十七条 依照著作权法第二十三条、第三十二条第二款、第三十九条第三款的规定使用他人作品，未能依照《中华人民共和国著作权法实施条例》第三十二条的规定向权利人支付使用费的，应当将使用费连同邮资以及使用作品的有关情况送交管理相关权利的著作权集体管理组织，由该著作权集体管理组织将使用费转付给权利人。

负责转付使用费的著作权集体管理组织应当建立作品使用情况查询系统，供权利人、使用者查询。

负责转付使用费的著作权集体管理组织可以从其收到的使用费中提取管理费，管理费按照会员大会决定的该集体管理组织管理费的比例减半提取。除管理费外，该著作权集体管理组织不得从其收到的使用费中提取其他任何费用。

第四十八条 本条例自2005年3月1日起施行。

信息网络传播权保护条例

（2006 年 5 月 10 日国务院第 135 次常务会议
通过 2006 年 5 月 18 日中华人民共和国国务院令第 46
8 号公布 自 2006 年 7 月 1 日起施行）

第一条 【立法宗旨和立法依据】为保护著作权人、表演者、录音录像制作者（以下统称权利人）的信息网络传播权，鼓励有益于社会主义精神文明、物质文明建设的作品的创作和传播，根据《中华人民共和国著作权法》（以下简称著作权法），制定本条例。

第二条 【信息网络传播权权利内容】权利人享有的信息网络传播权受著作权法和本条例保护。除法律、行政法规另有规定的外，任何组织或者个人将他人的作品、表演、录音录像制品通过信息网络向公众提供，应当取得权利人许可，并支付报酬。

第三条 【禁止违法行使信息网络传播权】依法禁止提供的作品、表演、录音录像制品，不受本条例保护。

权利人行使信息网络传播权，不得违反宪法和法律、行政法规，不得损害公共利益。

第四条 【保护技术措施】为了保护信息网络传播权，权利人可以采取技术措施。

任何组织或者个人不得故意避开或者破坏技术措施，不得故意制造、进口或者向公众提供主要用于避开或者破坏技术措施的装置或者部件，不得故意为他人避开或者破坏技术措施提供技术服务。但是，法律、行政法规规定可以避开的除外。

第五条 【保护权利管理电子信息】未经权利人许可，任何组织或者个人不得进行下列行为：

（一）故意删除或者改变通过信息网络向公众提供的作品、表演、录音录像制品的权利管理电子信息，但由于技术上的原因无法避免删除或者改变的除外；

46

（二）通过信息网络向公众提供明知或者应知未经权利人许可被删除或者改变权利管理电子信息的作品、表演、录音录像制品。

第六条　【合理使用】 通过信息网络提供他人作品，属于下列情形的，可以不经著作权人许可，不向其支付报酬：

（一）为介绍、评论某一作品或者说明某一问题，在向公众提供的作品中适当引用已经发表的作品；

（二）为报道时事新闻，在向公众提供的作品中不可避免地再现或者引用已经发表的作品；

（三）为学校课堂教学或者科学研究，向少数教学、科研人员提供少量已经发表的作品；

（四）国家机关为执行公务，在合理范围内向公众提供已经发表的作品；

（五）将中国公民、法人或者其他组织已经发表的、以汉语言文字创作的作品翻译成的少数民族语言文字作品，向中国境内少数民族提供；

（六）不以营利为目的，以盲人能够感知的独特方式向盲人提供已经发表的文字作品；

（七）向公众提供在信息网络上已经发表的关于政治、经济问题的时事性文章；

（八）向公众提供在公众集会上发表的讲话。

第七条　【图书馆等公共文化机构通过信息网络提供馆藏作品的合理使用制度】 图书馆、档案馆、纪念馆、博物馆、美术馆等可以不经著作权人许可，通过信息网络向本馆馆舍内服务对象提供本馆收藏的合法出版的数字作品和依法为陈列或者保存版本的需要以数字化形式复制的作品，不向其支付报酬，但不得直接或者间接获得经济利益。当事人另有约定的除外。

前款规定的为陈列或者保存版本需要以数字化形式复制的作品，应当是已经损毁或者濒临损毁、丢失或者失窃，或者其存储格式已经过时，并且在市场上无法购买或者只能以明显高于标定的价格购买的作品。

第八条　【远程教育的法定许可】 为通过信息网络实施九年制义务教育或国家教育规划，可以不经著作权人许可，使用其已经发表作品的片断或者短小的文字作品、音乐作品或者单幅的美术作品、摄影作品制作课件，由制作课件或者依法取得课件的远程教育机构通过信息网络向注册学生提供，但应当向著作权人支付报酬。

第九条 【为扶助贫困通过信息网络提供作品】为扶助贫困，通过信息网络向农村地区的公众免费提供中国公民、法人或者其他组织已经发表的种植养殖、防病治病、防灾减灾等与扶助贫困有关的作品和适应基本文化需求的作品，网络服务提供者应当在提供前公告拟提供的作品及其作者、拟支付报酬的标准。自公告之日起 30 日内，著作权人不同意提供的，网络服务提供者不得提供其作品；自公告之日起满 30 日，著作权人没有异议的，网络服务提供者可以提供其作品，并按照公告的标准向著作权人支付报酬。网络服务提供者提供著作权人的作品后，著作权人不同意提供的，网络服务提供者应当立即删除著作权人的作品，并按照公告的标准向著作权人支付提供作品期间的报酬。

依照前款规定提供作品的，不得直接或者间接获得经济利益。

第十条 【作品合理使用和法定许可的具体条件】依照本条例规定不经著作权人许可、通过信息网络向公众提供其作品的，还应当遵守下列规定：

（一）除本条例第六条第（一）项至第（六）项、第七条规定的情形外，不得提供作者事先声明不许提供的作品；

（二）指明作品的名称和作者的姓名（名称）；

（三）依照本条例规定支付报酬；

（四）采取技术措施，防止本条例第七条、第八条、第九条规定的服务对象以外的其他人获得著作权人的作品，并防止本条例第七条规定的服务对象的复制行为对著作权人利益造成实质性损害；

（五）不得侵犯著作权人依法享有的其他权利。

第十一条 【表演、录音录像制品的合理使用和法定许可】通过信息网络提供他人表演、录音录像制品的，应当遵守本条例第六条至第十条的规定。

第十二条 【保护技术措施】属于下列情形的，可以避开技术措施，但不得向他人提供避开技术措施的技术、装置或者部件，不得侵犯权利人依法享有的其他权利：

（一）为学校课堂教学或者科学研究，通过信息网络向少数教学、科

48

研人员提供已经发表的作品、表演、录音录像制品，而该作品、表演、录音录像制品只能通过信息网络获取；

（二）不以营利为目的，通过信息网络以盲人能够感知的独特方式向盲人提供已经发表的文字作品，而该作品只能通过信息网络获取；

（三）国家机关依照行政、司法程序执行公务；

（四）在信息网络上对计算机及其系统或者网络的安全性能进行测试。

第十三条　【网络服务提供者提供涉嫌侵权的服务对象资料】著作权行政管理部门为了查处侵犯信息网络传播权的行为，可以要求网络服务提供者提供涉嫌侵权的服务对象的姓名（名称）、联系方式、网络地址等资料。

第十四条　【权利人为制止侵犯其信息网络传播权而向网络服务提供者提出删除或者断开链接通知】对提供信息存储空间或者提供搜索、链接服务的网络服务提供者，权利人认为其服务所涉及的作品、表演、录音录像制品，侵犯自己的信息网络传播权或者被删除、改变了自己的权利管理电子信息的，可以向该网络服务提供者提交书面通知，要求网络服务提供者删除该作品、表演、录音录像制品，或者断开与该作品、表演、录音录像制品的链接。通知书应当包含下列内容：

（一）权利人的姓名（名称）、联系方式和地址；

（二）要求删除或者断开链接的侵权作品、表演、录音录像制品的名称和网络地址；

（三）构成侵权的初步证明材料。

权利人应当对通知书的真实性负责。

第十五条　【网络服务提供者接到权利人通知后如何具体处理】网络服务提供者接到权利人的通知书后，应当立即删除涉嫌侵权的作品、表演、录音录像制品，或者断开与涉嫌侵权的作品、表演、录音录像制品的链接，并同时将通知书转送提供作品、表演、录音录像制品的服务对象；服务对象网络地址不明、无法转送的，应当将通知书的内容同时在信息网络上公告。

第十六条　【服务对象接到网络服务提供者转送的权利人通知书后认为自己不侵权时如何提起"反通知"】服务对象接到网络服务提供者转送的通知书后，认为其提供的作品、表演、录音录像制品未侵犯他人权利的，可以向网络服务提供者提交书面说明，要求恢复被删除的作品、表演、录音录像制品，或者恢复与被断开的作品、表演、录音录像制品的链接。书面说明应当包含下列内容：

（一）服务对象的姓名（名称）、联系方式和地址；

（二）要求恢复的作品、表演、录音录像制品的名称和网络地址；

（三）不构成侵权的初步证明材料。

服务对象应当对书面说明的真实性负责。

第十七条 【网络服务提供者接到服务对象的书面通知后如何具体处理】网络服务提供者接到服务对象的书面说明后，应当立即恢复被删除的作品、表演、录音录像制品，或者可以恢复与被断开的作品、表演、录音录像制品的链接，同时将服务对象的书面说明转送权利人。权利人不得再通知网络服务提供者删除该作品、表演、录音录像制品，或者断开与该作品、表演、录音录像制品的链接。

第十八条 【侵犯信息网络传播权应承担法律责任】违反本条例规定，有下列侵权行为之一的，根据情况承担停止侵害、消除影响、赔礼道歉、赔偿损失等民事责任；同时损害公共利益的，可以由著作权行政管理部门责令停止侵权行为，没收违法所得，并可处以 10 万元以下的罚款；情节严重的，著作权行政管理部门可以没收主要用于提供网络服务的计算机等设备；构成犯罪的，依法追究刑事责任：

（一）通过信息网络擅自向公众提供他人的作品、表演、录音录像制品的；

（二）故意避开或者破坏技术措施的；

（三）故意删除或者改变通过信息网络向公众提供的作品、表演、录音录像制品的权利管理电子信息，或者通过信息网络向公众提供明知或者应知未经权利人许可而被删除或者改变权利管理电子信息的作品、表演、录音录像制品的；

（四）为扶助贫困通过信息网络向农村地区提供作品、表演、录音录像制品超过规定范围，或者未按照公告的标准支付报酬，或者在权利人不同意提供其作品、表演、录音录像制品后未立即删除的；

（五）通过信息网络提供他人的作品、表演、录音录像制品，未指明作品、表演、录音录像制品的名称或者作者、表演者、录音录像制作者的

50

姓名（名称），或者未支付报酬，或者未依照本条例规定采取技术措施防止服务对象以外的其他人获得他人的作品、表演、录音录像制品，或者未防止服务对象的复制行为对权利人利益造成实质性损害的。

第十九条　【破坏信息网络传播权保护秩序应当承担法律责任】违反本条例规定，有下列行为之一的，由著作权行政管理部门予以警告，没收违法所得，没收主要用于避开、破坏技术措施的装置或者部件；情节严重的，可以没收主要用于提供网络服务的计算机等设备，并可处以 10 万元以下的罚款；构成犯罪的，依法追究刑事责任：

（一）故意制造、进口或者向他人提供主要用于避开、破坏技术措施的装置或者部件，或者故意为他人避开或者破坏技术措施提供技术服务的；

（二）通过信息网络提供他人的作品、表演、录音录像制品，获得经济利益的；

（三）为扶助贫困通过信息网络向农村地区提供作品、表演、录音录像制品，未在提供前公告作品、表演、录音录像制品的名称和作者、表演者、录音录像制作者的姓名（名称）以及报酬标准的。

第二十条　【提供接入服务或者传输服务的网络服务提供者予以免责】网络服务提供者根据服务对象的指令提供网络自动接入服务，或者对服务对象提供的作品、表演、录音录像制品提供自动传输服务，并具备下列条件的，不承担赔偿责任：

（一）未选择并且未改变所传输的作品、表演、录音录像制品；

（二）向指定的服务对象提供该作品、表演、录音录像制品，并防止指定的服务对象以外的其他人获得。

第二十一条　【提供系统缓存服务的网络服务提供者免责】网络服务提供者为提高网络传输效率，自动存储从其他网络服务提供者获得的作品、表演、录音录像制品，根据技术安排自动向服务对象提供，并具备下列条件的，不承担赔偿责任：

（一）未改变自动存储的作品、表演、录音录像制品；

（二）不影响提供作品、表演、录音录像制品的原网络服务提供者掌握服务对象获取该作品、表演、录音录像制品的情况；

（三）在原网络服务提供者修改、删除或者屏蔽该作品、表演、录音录像制品时，根据技术安排自动予以修改、删除或者屏蔽。

第二十二条 【提供信息存储空间服务的网络服务提供者予以免责】网络服务提供者为服务对象提供信息存储空间，供服务对象通过信息网络向公众提供作品、表演、录音录像制品，并具备下列条件的，不承担赔偿责任：

（一）明确标示该信息存储空间是为服务对象所提供，并公开网络服务提供者的名称、联系人、网络地址；

（二）未改变服务对象所提供的作品、表演、录音录像制品；

（三）不知道也没有合理的理由应当知道服务对象提供的作品、表演、录音录像制品侵权；

（四）未从服务对象提供作品、表演、录音录像制品中直接获得经济利益；

（五）在接到权利人的通知书后，根据本条例规定删除权利人认为侵权的作品、表演、录音录像制品。

第二十三条 【提供搜索或者链接服务的网络服务提供者予以免责】网络服务提供者为服务对象提供搜索或者链接服务，在接到权利人的通知书后，根据本条例规定断开与侵权的作品、表演、录音录像制品的链接的，不承担赔偿责任；但是，明知或者应知所链接的作品、表演、录音录像制品侵权的，应当承担共同侵权责任。

第二十四条 【权利人错误通知导致服务对象损失承担赔偿责任】因权利人的通知导致网络服务提供者错误删除作品、表演、录音录像制品，或者错误断开与作品、表演、录音录像制品的链接，给服务对象造成损失的，权利人应当承担赔偿责任。

第二十五条 【拒不提供服务对象资料的网络服务提供者予以行政处罚】网络服务提供者无正当理由拒绝提供或者拖延提供涉嫌侵权的服务对象的姓名（名称）、联系方式、网络地址等资料的，由著作权行政管理部门予以警告；情节严重的，没收主要用于提供网络服务的计算机等设备。

第二十六条 【专业术语】本条例下列用语的含义：

信息网络传播权，是指以有线或者无线方式向公众提供作品、表演或者录音录像制品，使公众可以在其个人选定的时间和地点获得作品、表演或者录音录像制品的权利。

技术措施，是指用于防止、限制未经权利人许可浏览、欣赏作品、表演、录音录像制品的或者通过信息网络向公众提供作品、表演、录音录像制品的有效技术、装置或者部件。

权利管理电子信息，是指说明作品及其作者、表演及其表演者、录音录像制品及其制作者的信息，作品、表演、录音录像制品权利人的信息和使用条件的信息，以及表示上述信息的数字或者代码。

第二十七条 【施行日期】本条例自 2006 年 7 月 1 日起施行。

最高人民法院关于审理
著作权民事纠纷案件适用
法律若干问题的解释

(2002 年 10 月 12 日最高人民法院审判委员会第 1246 次
会议通过 法释〔2002〕31 号 自 2002 年 10 月 15 日起施行)

为了正确审理著作权民事纠纷案件，根据《中华人民共和国民法通则》、《中华人民共和国合同法》、《中华人民共和国著作权法》、《中华人民共和国民事诉讼法》等法律的规定，就适用法律若干问题解释如下：

第一条　人民法院受理以下著作权民事纠纷案件：

（一）著作权及与著作权有关权益权属、侵权、合同纠纷案件；

（二）申请诉前停止侵犯著作权、与著作权有关权益行为，申请诉前财产保全、诉前证据保全案件；

（三）其他著作权、与著作权有关权益纠纷案件。

第二条　著作权民事纠纷案件，由中级以上人民法院管辖。

各高级人民法院根据本辖区的实际情况，可以确定若干基层人民法院管辖第一审著作权民事纠纷案件。

第三条　对著作权行政管理部门查处的侵犯著作权行为，当事人向人民法院提起诉讼追究该行为人民事责任的，人民法院应当受理。

人民法院审理已经过著作权行政管理部门处理的侵犯著作权行为的民事纠纷案件，应当对案件事实进行全面审查。

第四条　因侵犯著作权行为提起的民事诉讼，由著作权法第四十六条、第四十七条所规定侵权行为的实施地、侵权复制品储藏地或者查封扣押地、被告住所地人民法院管辖。

前款规定的侵权复制品储藏地，是指大量或者经营性储存、隐匿侵权复制品所在地；查封扣押地，是指海关、版权、工商等行政机关依法查封、扣押侵权复制品所在地。

第五条 对涉及不同侵权行为实施地的多个被告提起的共同诉讼，原告可以选择其中一个被告的侵权行为实施地人民法院管辖；仅对其中某一被告提起的诉讼，该被告侵权行为实施地的人民法院有管辖权。

第六条 依法成立的著作权集体管理组织，根据著作权人的书面授权，以自己的名义提起诉讼，人民法院应当受理。

第七条 当事人提供的涉及著作权的底稿、原件、合法出版物、著作权登记证书、认证机构出具的证明、取得权利的合同等，可以作为证据。

在作品或者制品上署名的自然人、法人或者其他组织视为著作权、与著作权有关权益的权利人，但有相反证明的除外。

第八条 当事人自行或者委托他人以定购、现场交易等方式购买侵权复制品而取得的实物、发票等，可以作为证据。

公证人员在未向涉嫌侵权的一方当事人表明身份的情况下，如实对另一方当事人按照前款规定的方式取得的证据和取证过程出具的公证书，应当作为证据使用，但有相反证据的除外。

第九条 著作权法第十条第（一）项规定的"公之于众"，是指著作权人自行或者经著作权人许可将作品向不特定的人公开，但不以公众知晓为构成条件。

第十条 著作权法第十五条第二款所指的作品，著作权人是自然人的，其保护期适用著作权法第二十一条第一款的规定；著作权人是法人或其他组织的，其保护期适用著作权法第二十一条第二款的规定。

第十一条 因作品署名顺序发生的纠纷，人民法院按照下列原则处理：有约定的按约定确定署名顺序；没有约定的，可以按照创作作品付出的劳动、作品排列、作者姓氏笔划等确定署名顺序。

第十二条 按照著作权法第十七条规定委托作品著作权属于受托人的情形，委托人在约定的使用范围内享有使用作品的权利；双方没有约定使用作品范围的，委托人可以在委托创作的特定目的范围内免费使用该作品。

第十三条 除著作权法第十一条第三款规定的情形外，由他人执笔，本人审阅定稿并以本人名义发表的报告、讲话等作品，著作权归报告人或者讲话人享有。著作权人可以支付执笔人适当的报酬。

第十四条 当事人合意以特定人物经历为题材完成的自传体作品，当事人对著作权权属有约定的，依其约定；没有约定的，著作权归该特定人物享有，执笔人或整理人对作品完成付出劳动的，著作权人可以向其支付适当的报酬。

第十五条 由不同作者就同一题材创作的作品，作品的表达系独立完成并且有创作性的，应当认定作者各自享有独立著作权。

第十六条 通过大众传播媒介传播的单纯事实消息属于著作权法第五条第（二）项规定的时事新闻。传播报道他人采编的时事新闻，应当注明出处。

第十七条 著作权法第三十二条第二款规定的转载，是指报纸、期刊登载其他报刊已发表作品的行为。转载未注明被转载作品的作者和最初登载的报刊出处的，应当承担消除影响、赔礼道歉等民事责任。

第十八条 著作权法第二十二条第（十）项规定的室外公共场所的艺术作品，是指设置或者陈列在室外社会公众活动处所的雕塑、绘画、书法等艺术作品。

对前款规定艺术作品的临摹、绘画、摄影、录像人，可以对其成果以合理的方式和范围再行使用，不构成侵权。

第十九条 出版者、制作者应当对其出版、制作有合法授权承担举证责任，发行者、出租者应当对其发行或者出租的复制品有合法来源承担举证责任。举证不能的，依据著作权法第四十六条、第四十七条的相应规定承担法律责任。

第二十条 出版物侵犯他人著作权的，出版者应当根据其过错、侵权程度及损害后果等承担民事赔偿责任。

出版者对其出版行为的授权、稿件来源和署名、所编辑出版物的内容等未尽到合理注意义务的，依据著作权法第四十八条的规定，承担赔偿责任。

出版者尽了合理注意义务，著作权人也无证据证明出版者应当知道其出版涉及侵权的，依据民法通则第一百一十七条第一款的规定，出版者承担停止侵权、返还其侵权所得利润的民事责任。

出版者所尽合理注意义务情况，由出版者承担举证责任。

第二十一条 计算机软件用户未经许可或者超过许可范围商业使用计算机软件的，依据著作权法第四十七条第（一）项、《计算机软件保护条例》第二十四条第（一）项的规定承担民事责任。

第二十二条 著作权转让合同未采取书面形式的，人民法院依据合同法第三十六条、第三十七条的规定审查合同是否成立。

第二十三条 出版者将著作权人交付出版的作品丢失、毁损致使出版合同不能履行的，依据著作权法第五十三条、民法通则第一百一十七条以及合同法第一百二十二条的规定追究出版者的民事责任。

第二十四条 权利人的实际损失，可以根据权利人因侵权所造成复制品发行减少量或者侵权复制品销售量与权利人发行该复制品单位利润乘积计算。发行减少量难以确定的，按照侵权复制品市场销售量确定。

第二十五条 权利人的实际损失或者侵权人的违法所得无法确定的，人民法院根据当事人的请求或者依职权适用著作权法第四十八条第二款的规定确定赔偿数额。

人民法院在确定赔偿数额时，应当考虑作品类型、合理使用费、侵权行为性质、后果等情节综合确定。

当事人按照本条第一款的规定就赔偿数额达成协议的，应当准许。

第二十六条 著作权法第四十八条第一款规定的制止侵权行为所支付的合理开支，包括权利人或者委托代理人对侵权行为进行调查、取证的合理费用。

人民法院根据当事人的诉讼请求和具体案情，可以将符合国家有关部门规定的律师费用计算在赔偿范围内。

第二十七条 在著作权法修改决定施行前发生的侵犯著作权行为起诉的案件，人民法院于该决定施行后作出判决的，可以参照适用著作权法第四十八条的规定。

第二十八条 侵犯著作权的诉讼时效为两年，自著作权人知道或者应当知道侵权行为之日起计算。权利人超过两年起诉的，如果侵权行为在起诉时仍在持续，在该著作权保护期内，人民法院应当判决被告停止侵权行为；侵权损害赔偿数额应当自权利人向人民法院起诉之日起向前推算两年计算。

第二十九条 对著作权法第四十七条规定的侵权行为，人民法院根据当事人的请求除追究行为人民事责任外，还可以依据民法通则第一百三十四条第三款的规定给予民事制裁，罚款数额可以参照《中华人民共和国著作权法实施条例》的有关规定确定。

著作权行政管理部门对相同的侵权行为已经给予行政处罚的，人民法院不再予以民事制裁。

第三十条　对 2001 年 10 月 27 日前发生的侵犯著作权行为，当事人于 2001 年 10 月 27 日后向人民法院提出申请采取责令停止侵权行为或者证据保全措施的，适用著作权法第四十九条、第五十条的规定。

人民法院采取诉前措施，参照《最高人民法院关于诉前停止侵犯注册商标专用权行为和保全证据适用法律问题的解释》的规定办理。

第三十一条　除本解释另行规定外，2001 年 10 月 27 日以后人民法院受理的著作权民事纠纷案件，涉及 2001 年 10 月 27 日前发生的民事行为的，适用修改前著作权法的规定；涉及该日期以后发生的民事行为的，适用修改后著作权法的规定；涉及该日期前发生，持续到该日期后的民事行为的，适用修改后著作权法的规定。

第三十二条　以前的有关规定与本解释不一致的，以本解释为准。

中华人民共和国专利法

(1984 年 3 月 12 日第六届全国人民代表大会常务委员会第
四次会议通过 1992 年 9 月 4 日第一次修正 根据 2000 年 8 月 25 日
第九届全国人民代表大会常务委员会第十七次会议《关于修改
〈中华人民共和国专利法〉的决定》第二次修正)

目 录

第一章 总 则

第一条 【立法目的】为了保护发明创造专利权,鼓励发明创造,有
利于发明创造的推广应用,促进科学技术进步和创新,适应社会主义现代
化建设的需要,特制定本法。

◆ 专利权,是指权利人对于专利文件中所记载的发明创造
(发明、实用新型或外观设计),在法定期限内所享有的排他性
权利。

第二条 【发明创造】本法所称的发明创造是指发明、实用新型和外
观设计。

59

◆ 发明，是指对产品、方法或者其改进所提出的新的技术方案。实用新型，是指对产品的形状、构造或者其结合所提出的适于实用的新的技术方案。外观设计，是指对产品的形状、图案或者其结合以及色彩与形状、图案的结合所作出的富有美感并适于工业应用的新设计。[参见《中华人民共和国专利法实施细则》（以下简称《专细则》）1]

第三条　【管理部门】国务院专利行政部门负责管理全国的专利工作；统一受理和审查专利申请，依法授予专利权。

省、自治区、直辖市人民政府管理专利工作的部门负责本行政区域内的专利管理工作。

◆ 国务院专利行政部门，按照现行的国务院机构设置，是指国家知识产权局。

第四条　【保密处理】申请专利的发明创造涉及国家安全或者重大利益需要保密的，按照国家有关规定办理。

第五条　【不授予专利权情形】对违反国家法律、社会公德或者妨害公共利益的发明创造，不授予专利权。

◆ 本条所称违反国家法律的发明创造，不包括仅其实施为国家法律所禁止的发明创造。（《专细则》9）

第六条　【职务发明】执行本单位的任务或者主要是利用本单位的物质技术条件所完成的发明创造为职务发明创造。职务发明创造申请专利的权利属于该单位；申请被批准后，该单位为专利权人。

非职务发明创造，申请专利的权利属于发明人或者设计人；申请被批准后，该发明人或者设计人为专利权人。

利用本单位的物质技术条件所完成的发明创造，单位与发明人或者设计人订有合同，对申请专利的权利和专利权的归属作出约定的，从其约定。

◆ 发明人或者设计人，是指对发明创造的实质性特点作出创造性贡献的人。在完成发明创造过程中，只负责组织工作的人、为物质技术条件的利用提供方便的人或者从事其他辅助工

作的人，不是发明人或者设计人。(《专细则》12)

◆ 本条所称本单位，包括临时工作单位。本单位的物质技术条件，是指本单位的资金、设备、零部件、原材料或者不对外公开的技术资料等。执行本单位的任务所完成的职务发明创造，是指：①在本职工作中作出的发明创造；②履行本单位交付的本职工作之外的任务所作出的发明创造；③退职、退休或者调动工作后1年内作出的，与其在原单位承担的本职工作或者原单位分配的任务有关的发明创造。(《专细则》11)

◆ 职务发明创造的专利申请权和取得的专利权归发明人或设计人所在的单位，发明人或设计人享有以下权利：①署名权；②获得奖金、报酬的权利；③优先受让权。

【条文参见】《专细则》74-76

第七条 【非职务专利申请对待】对发明人或者设计人的非职务发明创造专利申请，任何单位或者个人不得压制。

第八条 【合作发明专利权归属】两个以上单位或者个人合作完成的发明创造、一个单位或者个人接受其他单位或者个人委托所完成的发明创造，除另有协议的以外，申请专利的权利属于完成或者共同完成的单位或者个人；申请被批准后，申请的单位或者个人为专利权人。

◆ 一般进行合作开发和委托开发都会订立技术开发合同，约定最终成果的权利归属问题。如果没有约定，我国合同法和专利法都将申请专利的权利赋予了研究开发人员。

第九条 【优先规定】两个以上的申请人分别就同样的发明创造申请专利的，专利权授予最先申请的人。

◆ "同样的发明创造"是对两份申请中的说明书所记载的发明创造进行比较。"同样"可能出现在两份发明申请当中、两份实用新型申请当中、两份外观设计申请当中、一份发明专利申请和一份实用新型申请当中。

◆ 专利权的授予原则是最先申请原则。同样的发明创造只能被授予一项专利。依照本条的规定，两个以上的申请人在同

一日分别就同样的发明创造申请专利的，应当在收到国务院专利行政部门的通知后自行协商确定申请人。（《专细则》13）

第十条 【专利申请权、专利权转让】专利申请权和专利权可以转让。

中国单位或者个人向外国人转让专利申请权或者专利权的，必须经国务院有关主管部门批准。

转让专利申请权或者专利权的，当事人应当订立书面合同，并向国务院专利行政部门登记，由国务院专利行政部门予以公告。专利申请权或者专利权的转让自登记之日起生效。

◆ 除依照本条规定转让专利权外，专利权因其他事由发生转移的，当事人应当凭有关证明文件或者法律文书向国务院专利行政部门办理专利权人变更手续。（《专细则》15）

◆ 专利申请权或专利权转让的效力与专利申请权或者专利权转让合同的效力是不同的：当事人之间签订的转让专利申请权或者专利权的合同，自合同成立之日起生效；而专利申请权或者专利权转让的效力，则自向国务院专利行政部门登记之日起生效。因此，当事人之间没有转让专利申请权或者专利权之前，如果一方违反了合同的约定，虽然受让方不享有专利申请权或者专利权，但可以要求转让方承担违约责任。

◆ 专利申请权转让合同当事人以专利申请被驳回或者被视为撤回为由请求解除合同，该事实发生在依照本条第3款的规定办理专利申请权转让登记之前的，人民法院应当予以支持；发生在转让登记之后的，不予支持，但当事人另有约定的除外。

第十一条 【排他规定】发明和实用新型专利权被授予后，除本法另有规定的以外，任何单位或者个人未经专利权人许可，都不得实施其专利，即不得为生产经营目的制造、使用、许诺销售、销售、进口其专利产品，或者使用其专利方法以及使用、许诺销售、销售、进口依照该专利方法直接获得的产品。

外观设计专利权被授予后，任何单位或者个人未经专利权人许可，都不得实施其专利，即不得为生产经营目的制造、销售、进口其外观设计专利产品。

◆ 许诺销售，是指以做广告、在商店橱窗中陈列或者在展销会上展出等方式作出销售商品的意思表示。[参见《最高人民法院关于审理专利纠纷案件适用法律问题的若干规定》（以下简称《专规定》）24]

第十二条 【许可合同】任何单位或者个人实施他人专利的，应当与专利权人订立书面实施许可合同，向专利权人支付专利使用费。被许可人无权允许合同规定以外的任何单位或者个人实施该专利。

◆ 专利权人与他人订立的专利实施许可合同，应当自合同生效之日起3个月内向国务院专利行政部门备案。备案不影响其生效。专利实施许可可包括以下方式：①独占实施许可，是指让与人在约定许可实施专利的范围内，将该专利仅许可一个受让人实施，让与人依约定不得实施该专利；②排他实施许可，是指让与人在约定许可实施专利的范围内，将该专利仅许可一个受让人实施，但让与人依约定可以自行实施该专利；③普通实施许可，是指让与人在约定许可实施专利的范围内许可他人实施该专利，并且可以自行实施该专利。当事人对专利实施许可方式没有约定或者约定不明确的，认定为普通实施许可。专利实施许可合同约定受让人可以再许可他人实施专利的，认定该再许可为普通实施许可，但当事人另有约定的除外。

◆ 当事人对实施专利或者使用技术秘密的期限没有约定或者约定不明确的，受让人实施专利或者使用技术秘密不受期限限制。

第十三条 【发明实施费用支付】发明专利申请公布后，申请人可以要求实施其发明的单位或者个人支付适当的费用。

◆ 本条只适用于发明专利，因为只有发明专利要进行实质审查，从公布发明专利到最后获得授权需要经过一段时间。而且本条规定只发生在申请公布之后、授予专利权之前。

第十四条 【公益发明】国有企业事业单位的发明专利，对国家利益或者公共利益具有重大意义的，国务院有关主管部门和省、自治区、直辖市人民政府报经国务院批准，可以决定在批准的范围内推广应用，允许指定的单位实施，由实施单位按照国家规定向专利权人支付使用费。

中国集体所有制单位和个人的发明专利，对国家利益或者公共利益具有重大意义，需要推广应用的，参照前款规定办理。

◈ 专利标记是标明该产品是专利产品的标志，我国法律对此没有规定统一的样式，专利权人可以自己设计。

第十五条 【专利号标记】专利权人有权在其专利产品或者该产品的包装上标明专利标记和专利号。

第十六条 【职务发明奖励】被授予专利权的单位应当对职务发明创造的发明人或者设计人给予奖励；发明创造专利实施后，根据其推广应用的范围和取得的经济效益，对发明人或者设计人给予合理的报酬。

第十七条 【署名权】发明人或者设计人有在专利文件中写明自己是发明人或者设计人的权利。

第十八条 【涉外规定】在中国没有经常居所或者营业所的外国人、外国企业或者外国其他组织在中国申请专利的，依照其所属国同中国签订的协议或者共同参加的国际条约，或者依照互惠原则，根据本法办理。

第十九条 【外国人或组织专利事务委托】在中国没有经常居所或者营业所的外国人、外国企业或者外国其他组织在中国申请专利和办理其他专利事务的，应当委托国务院专利行政部门指定的专利代理机构办理。

中国单位或者个人在国内申请专利和办理其他专利事务的，可以委托专利代理机构办理。

专利代理机构应当遵守法律、行政法规，按照被代理人的委托办理专利申请或者其他专利事务；对被代理人发明创造的内容，除专利申请已经公布或者公告的以外，负有保密责任。专利代理机构的具体管理办法由国务院规定。

◈ 对在我国没有经常居所或营业场所的外国人申请专利，法律实行强制代理制度。港澳台地区的法人提出专利申请时，应当委托国务院专利行政部门指定的专利代理机构办理；港澳台地区的自然人申请专利时，可以委托国内专利代理机构办理，但不得委托个人或者由本人自己办理。

第二十条　【中国人涉外专利申请委托】中国单位或者个人将其在国内完成的发明创造向外国申请专利的，应当先向国务院专利行政部门申请专利，委托其指定的专利代理机构办理，并遵守本法第四条的规定。

中国单位或者个人可以根据中华人民共和国参加的有关国际条约提出专利国际申请。申请人提出专利国际申请的，应当遵守前款规定。

国务院专利行政部门依照中华人民共和国参加的有关国际条约、本法和国务院有关规定处理专利国际申请。

◆【条文参见】《专细则》99－104、112

第二十一条　【专利审查要求】国务院专利行政部门及其专利复审委员会应当按照客观、公正、准确、及时的要求，依法处理有关专利的申请和请求。

在专利申请公布或者公告前，国务院专利行政部门的工作人员及有关人员对其内容负有保密责任。

第二章　授予专利权的条件

第二十二条　【授予条件】授予专利权的发明和实用新型，应当具备新颖性、创造性和实用性。

新颖性，是指在申请日以前没有同样的发明或者实用新型在国内外出版物上公开发表过、在国内公开使用过或者以其他方式为公众所知，也没有同样的发明或者实用新型由他人向国务院专利行政部门提出过申请并且记载在申请日以后公布的专利申请文件中。

创造性，是指同申请日以前已有的技术相比，该发明有突出的实质性特点和显著的进步，该实用新型有实质性特点和进步。

实用性，是指该发明或者实用新型能够制造或者使用，并且能够产生积极效果。

◆"新颖性"的参照对象是现有技术和抵触申请。现有技术又称"已有的技术"，即申请日以前在国内外出版物上公开发

65

表过、在国内公开使用过或者以其他方式为公众所知的技术。抵触申请是指由他人在申请日以前向国家知识产权局提出并且在其申请日以后（含申请日）公布的同样的发明或者实用新型申请。

注意"首创性（即新颖性）"与"原创性"的区别：①创作成果享有著作权保护的首要条件是"原创性"。就是说，它不能是抄来的、复制来的或以其他方式侵犯其他人版权而产生的，它必须是作者创作的。"原创性"的要求与"首创性"不同。"原创性"并不排除创作上的"巧合"。例如，甲乙二人分别从同一角度拍摄风景，虽然甲拍摄在先，乙在后，两张摄影作品十分近似，但二人都分别享有自己的版权。②对于享有专利的发明，则恰恰要求具有"首创性"。专利制度排除开发中的"巧合"。如果甲申请专利在先，而搞出了同样发明的乙申请在后，则即使乙从来没有接触过甲的开发过程，完全是自己独立发明，他也不可能再取得专利了。这就是我国《专利法》中的"新颖性"要求与"申请在先"原则。

◆ 本条第3款所称已有的技术，是指申请日（有优先权的，指优先权日）前在国内外出版物上公开发表、在国内公开使用或者以其他方式为公众所知的技术，即现有技术（《专细则》30）。在创造性的标准上，实用新型专利的要求没有发明专利那么高。申请专利的发明必须具有"突出"的实质性特点和"显著"的进步，而申请专利的实用新型的实质性特点不必须是"突出"，进步也不一定非要"显著"。

◆ 能够产生积极效果，是指发明或者实用新型专利申请在提出申请之日，其产生的经济、技术和社会的效果是所属技术领域的技术人员可以预料到的。

第二十三条 【外观设计专利权授予条件】授予专利权的外观设计，应当同申请日以前在国内外出版物上公开发表过或者国内公开使用过的外观设计不相同和不相近似，并不得与他人在先取得的合法权利相冲突。

◉ 在先取得的合法权利包括：商标权、著作权、企业名称权、肖像权、知名商品特有包装或者装潢使用权等。（《专规定》)16)

第二十四条 【新颖性保持特殊规定】申请专利的发明创造在申请日以前6个月内，有下列情形之一的，不丧失新颖性：

（一）在中国政府主办或者承认的国际展览会上首次展出的；

（二）在规定的学术会议或者技术会议上首次发表的；

（三）他人未经申请人同意而泄露其内容的。

◉ 本条第（二）项中的学术会议或者技术会议，是指国务院有关主管部门或者全国性学术团体组织召开的学术会议或者技术会议。不包括省以下或者受国务院各部委或全国性学会委托或者以其名义组织召开的学术会议或者技术会议。

◉ 对于第（一）项或者第（二）项所列情形，申请人应当在提出专利申请时声明，并自申请日起2个月内，提交有关国际展览会或者学术会议、技术会议的组织单位出具的有关发明创造已经展出或者发表，以及展出或者发表日期的证明文件。对于第（三）项所列情形，国务院专利行政部门认为必要时，可以要求申请人在指定期限内提交证明文件。（《专细则》31)

第二十五条 【不授予专利权情形】对下列各项，不授予专利权：

（一）科学发现；

（二）智力活动的规则和方法；

（三）疾病的诊断和治疗方法；

（四）动物和植物品种；

（五）用原子核变换方法获得的物质。

对前款第（四）项所列产品的生产方法，可以依照本法规定授予专利权。

◉ 对动物和植物品种的生产方法可以授予专利权。这里所说的"生产方法"是指非生物学的方法。如果人的介入对某种方法所要达到的目的或者效果起了主要的控制作用或者决定作用，则这种方法就属于非生物学的方法。

第三章　专利的申请

第二十六条　【发明或实用新型专利申请文件】申请发明或者实用新型专利的，应当提交请求书、说明书及其摘要和权利要求书等文件。

请求书应当写明发明或者实用新型的名称，发明人或者设计人的姓名，申请人姓名或者名称、地址，以及其他事项。

说明书应当对发明或者实用新型作出清楚、完整的说明，以所属技术领域的技术人员能够实现为准；必要的时候，应当有附图。摘要应当简要说明发明或者实用新型的技术要点。

权利要求书应当以说明书为依据，说明要求专利保护的范围。

◆【条文参见】《专细则》第二章

第二十七条　【外观设计专利权申请文件】申请外观设计专利的，应当提交请求书以及该外观设计的图片或者照片等文件，并且应当写明使用该外观设计的产品及其所属的类别。

◆【条文参见】《专细则》27－29、47

第二十八条　【申请日确定】国务院专利行政部门收到专利申请文件之日为申请日。如果申请文件是邮寄的，以寄出的邮戳日为申请日。

◆【条文参见】《专细则》10

第二十九条　【申请优先权】申请人自发明或者实用新型在外国第一次提出专利申请之日起 12 个月内，或者自外观设计在外国第一次提出专利申请之日起 6 个月内，又在中国就相同主题提出专利申请的，依照该外国同中国签订的协议或者共同参加的国际条约，或者依照相互承认优先权的原则，可以享有优先权。

申请人自发明或者实用新型在中国第一次提出专利申请之日起 12 个月内，又向国务院专利行政部门就相同主题提出专利申请的，可以享有优先权。

◆ **外国优先权**（第 1 款）须符合下列要求：①在先申请必

68

须是针对相同主题提出的第一次申请，即首次申请；②在先申请必须是正规的国家申请或者与正规的国家申请相当的任何申请；③在先申请的类型要符合一定的要求，例如发明和实用新型在要求优先权时申请类型可以互相转换，但对于实用新型和外观设计，只存在实用新型转换为外观设计，而不能相反。

◆ 本国优先权（第 2 款）须符合以下要求：①在先申请是发明或者实用新型，不包括外观设计；②作为在先申请的不应当是分案申请；③在先申请的主题没有要求过外国优先权或本国优先权；④对在先申请的主题尚未授予专利权；⑤要求优先权的后一申请是在其在先申请的申请日起 12 个月内提出。

◆ 申请人在一件专利申请中，可以要求一项或者多项优先权；要求多项优先权的，该申请的优先权期限从最早的优先权日起计算。申请人要求本国优先权，在先申请是发明专利申请的，可以就相同主题提出发明或者实用新型专利申请；在先申请是实用新型专利申请的，可以就相同主题提出实用新型或者发明专利申请。申请人要求本国优先权的，其在先申请自后一申请提出之日起即视为撤回。（《专细则》33）

第三十条 【优先权书面声明】申请人要求优先权的，应当在申请的时候提出书面声明，并且在 3 个月内提交第一次提出的专利申请文件的副本；未提出书面声明或者逾期未提交专利申请文件副本的，视为未要求优先权。

◆ 申请人依照本条规定办理要求优先权手续的，应当在书面声明中写明第一次提出专利申请（在先申请）的申请日、申请号和受理该申请的国家；书面声明中未写明在先申请的申请日和受理该申请的国家的，视为未提出声明。要求外国优先权的，申请人提交的在先申请文件副本应当经原受理机关证明；提交的证明材料中，在先申请人的姓名或者名称与在后申请的申请人姓名或者名称不一致的，应当提交优先权转让证明材料；要求本国优先权的，申请人提交的在先申请文件副本应当由国

务院专利行政部门制作。(《专细则》32)

第三十一条 【专利数量确定】一件发明或者实用新型专利申请应当限于一项发明或者实用新型。属于一个总的发明构思的两项以上的发明或者实用新型，可以作为一件申请提出。

一件外观设计专利申请应当限于一种产品所使用的一项外观设计。用于同一类别并且成套出售或者使用的产品的两项以上的外观设计，可以作为一件申请提出。

◆ 可以作为一件专利申请提出的属于一个总的发明构思的两项以上的发明或者实用新型，应当在技术上相互关联，包含一个或者多个相同或者相应的特定技术特征，其中特定技术特征是指每一项发明或者实用新型作为整体，对现有技术作出贡献的技术特征。

◆ 本条第2款所称同一类别，是指产品属于分类表中同一小类；成套出售或者使用，是指各产品的设计构思相同，并且习惯上是同时出售、同时使用。将两项以上外观设计作为一件申请提出的，应当将各项外观设计顺序编号标在每件使用外观设计产品的视图名称之前。(《专细则》35、36)

第三十二条 【申请撤回】申请人可以在被授予专利权之前随时撤回其专利申请。

◆ 申请人撤回专利申请的，应当向国务院专利行政部门提出声明，写明发明创造的名称、申请号和申请日。(《专细则》37)

第三十三条 【申请文件的修改】申请人可以对其专利申请文件进行修改，但是，对发明和实用新型专利申请文件的修改不得超出原说明书和权利要求书记载的范围，对外观设计专利申请文件的修改不得超出原图片或者照片表示的范围。

第四章 专利申请的审查和批准

第三十四条 【审查公布】国务院专利行政部门收到发明专利申请

70

后，经初步审查认为符合本法要求的，自申请日起满 18 个月，即行公布。国务院专利行政部门可以根据申请人的请求早日公布其申请。

◆"*初步审查*"也称形式审查，是指专利行政部门审查专利申请是否符合法律规定的形式要求，不对该申请是否符合"新颖性、创造性、实用性"的专利实质要件进行审查。

【条文参见】《专细则》38－50、88、89

第三十五条　【实质审查】发明专利申请自申请日起 3 年内，国务院专利行政部门可以根据申请人随时提出的请求，对其申请进行实质审查；申请人无正当理由逾期不请求实质审查的，该申请即被视为撤回。

国务院专利行政部门认为必要的时候，可以自行对发明专利申请进行实质审查。

◆在初步审查、实质审查、复审和无效宣告程序中，实施审查和审理的人员有下列情形之一的，应当自行回避，当事人或者其他利害关系人可以要求其回避：①是当事人或者其代理人的近亲属的；②与专利申请或者专利权有利害关系的；③与当事人或者其代理人有其他关系，可能影响公正审查和审理的；④专利复审委员会成员曾参与原申请的审查的。（《专细则》38）

【条文参见】《专细则》50

第三十六条　【实质审查资料提交】发明专利的申请人请求实质审查的时候，应当提交在申请日前与其发明有关的参考资料。

发明专利已经在外国提出过申请的，国务院专利行政部门可以要求申请人在指定期限内提交该国为审查其申请进行检索的资料或者审查结果的资料；无正当理由逾期不提交的，该申请即被视为撤回。

◆【条文参见】《专细则》49

第三十七条　【申请不符规定的处理】国务院专利行政部门对发明专利申请进行实质审查后，认为不符合本法规定的，应当通知申请人，要求其在指定的期限内陈述意见，或者对其申请进行修改；无正当理由逾期不答复的，该申请即被视为撤回。

◆【条文参见】《专细则》51、52

第三十八条 【驳回申请情形】发明专利申请经申请人陈述意见或者进行修改后，国务院专利行政部门仍然认为不符合本法规定的，应当予以驳回。

◆【条文参见】《专细则》53

第三十九条 【发明专利权的授予】发明专利申请经实质审查没有发现驳回理由的，由国务院专利行政部门作出授予发明专利权的决定，发给发明专利证书，同时予以登记和公告。发明专利权自公告之日起生效。

◆【条文参见】《专细则》40、54

第四十条 【实用新型和外观设计专利权的授予】实用新型和外观设计专利申请经初步审查没有发现驳回理由的，由国务院专利行政部门作出授予实用新型专利权或者外观设计专利权的决定，发给相应的专利证书，同时予以登记和公告。实用新型专利权和外观设计专利权自公告之日起生效。

◆【条文参见】《专细则》55－57

第四十一条 【专利申请复审】国务院专利行政部门设立专利复审委员会。专利申请人对国务院专利行政部门驳回申请的决定不服的，可以自收到通知之日起3个月内，向专利复审委员会请求复审。专利复审委员会复审后，作出决定，并通知专利申请人。

专利申请人对专利复审委员会的复审决定不服的，可以自收到通知之日起3个月内向人民法院起诉。

◆ 复审，是指由国务院专利行政部门设立的专利复审委员会，根据专利申请被驳回的申请人提出的复审请求，对专利行政部门作出的驳回专利申请的决定是否正确、合法依法进行的审查。

【条文参见】《专细则》58－63

第五章　专利权的期限、终止和无效

第四十二条　【专利权期限】发明专利权的期限为 20 年，实用新型专利权和外观设计专利权的期限为 10 年，均自申请日起计算。

◆ "**申请日**"，是指专利申请在中国的实际申请日，而非优先权日，更不是从授权公告日起计算。

【条文参见】《专细则》7、10、43、112

第四十三条　【年费缴纳】专利权人应当自被授予专利权的当年开始缴纳年费。

第四十四条　【专利权提前终止情形】有下列情形之一的，专利权在期限届满前终止：

（一）没有按照规定缴纳年费的；

（二）专利权人以书面声明放弃其专利权的。

专利权在期限届满前终止的，由国务院专利行政部门登记和公告。

第四十五条　【专利权授予异议】自国务院专利行政部门公告授予专利权之日起，任何单位或者个人认为该专利权的授予不符合本法有关规定的，可以请求专利复审委员会宣告该专利权无效。

◆ 专利权的无效，是指授予的专利权因为法定事由而被视为自始就不存在，即被视为自始没有效力。专利权必须由法定机构经过法定程序进行宣告以后才能被认定无效。

【条文参见】《专细则》64－71

第四十六条　【异议审查】专利复审委员会对宣告专利权无效的请求应当及时审查和作出决定，并通知请求人和专利权人。宣告专利权无效的决定，由国务院专利行政部门登记和公告。

对专利复审委员会宣告专利权无效或者维持专利权的决定不服的，可以自收到通知之日起 3 个月内向人民法院起诉。人民法院应当通知无效宣告请求程序的对方当事人作为第三人参加诉讼。

◆ 有权宣告专利无效的机关是专利复审委员会和人民法院，

人民法院在现阶段特指北京市第一中级人民法院及其上级法院。
注意无效申请人不能直接向法院起诉要求确认专利无效，专利
复审委员会的审理是必经程序。

【条文参见】《专规定》8－11

第四十七条 【专利权宣告无效的效力和处理】宣告无效的专利权视
为自始即不存在。

宣告专利权无效的决定，对在宣告专利权无效前人民法院作出并已执
行的专利侵权的判决、裁定，已经履行或者强制执行的专利侵权纠纷处理
决定，以及已经履行的专利实施许可合同和专利权转让合同，不具有追溯
力。但是因专利权人的恶意给他人造成的损失，应当给予赔偿。

如果依照前款规定，专利权人或者专利权转让人不向被许可实施专利
人或者专利权受让人返还专利使用费或者专利权转让费，明显违反公平原
则，专利权人或者专利权转让人应当向被许可实施专利人或者专利权受让
人返还全部或者部分专利使用费或者专利权转让费。

第六章　专利实施的强制许可

第四十八条 【对具备实施条件单位的强制许可】具备实施条件的单
位以合理的条件请求发明或者实用新型专利权人许可实施其专利，而未能
在合理长的时间内获得这种许可时，国务院专利行政部门根据该单位的申
请，可以给予实施该发明专利或者实用新型专利的强制许可。

◆ 本条应注意：①要获得此项许可必须经过当事人申请，
国家专利行政部门不能主动授予；②请求强制许可的主体只能
是单位，个人不能请求；③请求单位应当具备实施发明或者实
用新型的条件；④只能在从专利权授权之日起3年后提出；⑤被
许可人限于单位。

【条文参见】《专细则》72

第四十九条 【公益性强制许可】在国家出现紧急状态或者非常情况
时，或者为了公共利益的目的，国务院专利行政部门可以给予实施发明专
利或者实用新型专利的强制许可。

74

◆ 本条规定的强制许可，可以不经任何人提出强制许可的申请，而由国务院专利行政部门直接作出强制许可的决定。被许可人不限于单位。

第五十条 【重大意义专利实施的强制许可】一项取得专利权的发明或者实用新型比前已经取得专利权的发明或者实用新型具有显著经济意义的重大技术进步，其实施又有赖于前一发明或者实用新型的实施的，国务院专利行政部门根据后一专利权人的申请，可以给予实施前一发明或者实用新型的强制许可。

在依照前款规定给予实施强制许可的情形下，国务院专利行政部门根据前一专利权人的申请，也可以给予实施后一发明或者实用新型的强制许可。

◆ 对第48—50条规定的专利实施的强制许可的效力应注意，国务院专利行政部门作出的给予实施强制许可的决定，应当限定强制许可实施主要是为供应国内市场的需要；强制许可涉及的发明创造是半导体技术的，强制许可实施仅限于公共的非商业性使用，或者经司法程序或者行政程序确定为反竞争行为而给予救济的使用。（《专细则》72）

第五十一条 【申请强制许可的证明提交】依照本法规定申请实施强制许可的单位或者个人，应当提出未能以合理条件与专利权人签订实施许可合同的证明。

第五十二条 【强制许可的通知及公告】国务院专利行政部门作出的给予实施强制许可的决定，应当及时通知专利权人，并予以登记和公告。

给予实施强制许可的决定，应当根据强制许可的理由规定实施的范围和时间。强制许可的理由消除并不再发生时，国务院专利行政部门应当根据专利权人的请求，经审查后作出终止实施强制许可的决定。

第五十三条 【独占实施权的排除】取得实施强制许可的单位或者个人不享有独占的实施权，并且无权允许他人实施。

第五十四条 【费用支付】取得实施强制许可的单位或者个人应当付给专利权人合理的使用费，其数额由双方协商；双方不能达成协议的，由国务院专利行政部门裁决。

第五十五条 【起诉情形】专利权人对国务院专利行政部门关于实施强制许可的决定不服的，专利权人和取得实施强制许可的单位或者个人对国务院专利行政部门关于实施强制许可的使用费的裁决不服的，可以自收到通知之日起 3 个月内向人民法院起诉。

第七章 专利权的保护

第五十六条 【保护范围】发明或者实用新型专利权的保护范围以其权利要求的内容为准，说明书及附图可以用于解释权利要求。

外观设计专利权的保护范围以表示在图片或者照片中的该外观设计专利产品为准。

◆ 本条第 1 款是指专利权的保护范围应当以权利要求书中明确记载的必要技术特征所确定的范围为准，也包括与该必要技术特征相等同的特征所确定的范围。等同特征是指与所记载的技术特征以基本相同的手段，实现基本相同的功能，达到基本相同的效果，并且本领域的普通技术人员无需经过创造性劳动就能够联想到的特征。

【条文参见】《专细则》18、20、27、116

第五十七条 【纠纷解决】未经专利权人许可，实施其专利，即侵犯其专利权，引起纠纷的，由当事人协商解决；不愿协商或者协商不成的，专利权人或者利害关系人可以向人民法院起诉，也可以请求管理专利工作的部门处理。管理专利工作的部门处理时，认定侵权行为成立的，可以责令侵权人立即停止侵权行为，当事人不服的，可以自收到处理通知之日起15 日内依照《中华人民共和国行政诉讼法》向人民法院起诉；侵权人期满不起诉又不停止侵权行为的，管理专利工作的部门可以申请人民法院强制执行。进行处理的管理专利工作的部门应当事人的请求，可以就侵犯专利权的赔偿数额进行调解；调解不成的，当事人可以依照《中华人民共和国民事诉讼法》向人民法院起诉。

专利侵权纠纷涉及新产品制造方法的发明专利的，制造同样产品的单位或者个人应当提供其产品制造方法不同于专利方法的证明；涉及实用新型专利的，人民法院或者管理专利工作的部门可以要求专利权人出具由国务院专利行政部门作出的检索报告。

◆ 人民法院受理下列专利纠纷案件：①专利申请权纠纷案件；②专利权权属纠纷案件；③专利权、专利申请权转让合同纠纷案件；④侵犯专利权纠纷案件；⑤假冒他人专利纠纷案件；⑥发明专利申请公布后、专利权授予前使用费纠纷案件；⑦职务发明创造发明人、设计人奖励、报酬纠纷案件；⑧诉前申请停止侵权、财产保全案件；⑨发明人、设计人资格纠纷案件；⑩不服专利复审委员会维持驳回申请复审决定案件；⑪不服专利复审委员会专利权无效宣告请求决定案件；⑫不服国务院专利行政部门实施强制许可决定案件；⑬不服国务院专利行政部门实施强制许可使用费裁决案件；⑭不服国务院专利行政部门行政复议决定案件；⑮不服管理专利工作的部门行政决定案件；⑯其他专利纠纷案件。（《专规定》1）

◆ 法院依照本条第 1 款的规定追究侵权人的赔偿责任时，可以根据权利人的请求，按照权利人因被侵权所受到的损失或者侵权人因侵权所获得的利益确定赔偿数额。权利人因被侵权所受到的损失可以根据专利权人的专利产品因侵权所造成销售量减少的总数乘以每件专利产品的合理利润所得之积计算。权利人销售量减少的总数难以确定的，侵权产品在市场上销售的总数乘以每件专利产品的合理利润所得之积可以视为权利人因被侵权所受到的损失。侵权人因侵权所获得的利益可以根据该侵权产品在市场上销售的总数乘以每件侵权产品的合理利润所得之积计算。侵权人因侵权所获得的利益一般按照侵权人的营业利润计算，对于完全以侵权为业的侵权人，可以按照销售利润计算。（《专规定》20）

【条文参见】《专细则》78－82；《专规定》

第五十八条 【假冒他人专利的处罚】假冒他人专利的，除依法承担民事责任外，由管理专利工作的部门责令改正并予公告，没收违法所得，可以并处违法所得3倍以下的罚款，没有违法所得的，可以处5万元以下的罚款；构成犯罪的，依法追究刑事责任。

◆ 下列行为属于假冒他人专利的行为：①未经许可，在其制造或者销售的产品、产品的包装上标注他人的专利号；②未经许可，在广告或者其他宣传材料中使用他人的专利号，使人将所涉及的技术误认为是他人的专利技术；③未经许可，在合同中使用他人的专利号，使人将合同涉及的技术误认为是他人的专利技术；④伪造或者变造他人的专利证书、专利文件或者专利申请文件。(《专细则》84)

【条文参见】《专规定》19

第五十九条　【冒充专利产品的处理】以非专利产品冒充专利产品、以非专利方法冒充专利方法的，由管理专利工作的部门责令改正并予公告，可以处5万元以下的罚款。

◆ 下列行为属于以非专利产品冒充专利产品、以非专利方法冒充专利方法的行为：① 制造或者销售标有专利标记的非专利产品；②专利权被宣告无效后，继续在制造或者销售的产品上标注专利标记；③在广告或者其他宣传材料中将非专利技术称为专利技术；④在合同中将非专利技术称为专利技术；⑤伪造或者变造专利证书、专利文件或者专利申请文件。(《专细则》85)

第六十条　【侵权赔偿数额确定】侵犯专利权的赔偿数额，按照权利人因被侵权所受到的损失或者侵权人因侵权所获得的利益确定；被侵权人的损失或者侵权人获得的利益难以确定的，参照该专利许可使用费的倍数合理确定。

◆ 被侵权人的损失或者侵权人获得的利益难以确定，有专利许可使用费可以参照的，人民法院可以根据专利权的类别、侵权人侵权的性质和情节、专利许可使用费的数额、该专利许可的性质、范围、时间等因素，参照该专利许可使用费的1至3倍合理确定赔偿数额；没有专利许可使用费可以参照或者专利许可使用费明显不合理的，人民法院可以根据专利权的类别、侵权人侵权的性质和情节等因素，一般在人民币 5000 元以上 30 万元以下确定赔偿数额，最多不得超过人民币 50 万元。（《专规定》21）

第六十一条　【诉前财产保全】专利权人或者利害关系人有证据证明他人正在实施或者即将实施侵犯其专利权的行为，如不及时制止将会使其合法权益受到难以弥补的损害的，可以在起诉前向人民法院申请采取责令停止有关行为和财产保全的措施。

人民法院处理前款申请，适用《中华人民共和国民事诉讼法》第九十三条至第九十六条和第九十九条的规定。

◆ 提出申请的利害关系人，包括专利实施许可合同的被许可人、专利财产权利的合法继承人等。专利实施许可合同被许可人中，独占实施许可合同的被许可人可以单独向人民法院提出申请；排他实施许可合同的被许可人在专利权人不申请的情况下，可以提出申请。

◆ 对专利权保全的期限一次不得超过 6 个月，自国务院专利行政部门收到协助执行通知书之日起计算。

◆ 人民法院对出质的专利权可以采取财产保全措施，质权人的优先受偿权不受保全措施的影响；专利权人与被许可人已经签订的独占实施许可合同，不影响人民法院对该专利权进行财产保全。

◆ 人民法院对已经进行保全的专利权，不得重复进行保全。（《专规定》13）

第六十二条　【诉讼时效】侵犯专利权的诉讼时效为 2 年，自专利权人或者利害关系人得知或者应当得知侵权行为之日起计算。

发明专利申请公布后至专利权授予前使用该发明未支付适当使用费的，专利权人要求支付使用费的诉讼时效为 2 年，自专利权人得知或者应当得知他人使用其发明之日起计算，但是，专利权人于专利权授予之日前即已得知或者应当得知的，自专利权授予之日起计算。

◆ 权利人超过2年起诉的，如果侵权行为在起诉时仍在继续，在该项专利权有效期内，人民法院应当判决被告停止侵权行为，侵权损害赔偿数额应当自权利人向人民法院起诉之日起向前推算2年计算。(《专规定》23)

第六十三条 【专利侵权例外规定】有下列情形之一的，不视为侵犯专利权：

(一)专利权人制造、进口或者经专利权人许可而制造、进口的专利产品或者依照专利方法直接获得的产品售出后，使用、许诺销售或者销售该产品的；

(二)在专利申请日前已经制造相同产品、使用相同方法或者已经作好制造、使用的必要准备，并且仅在原有范围内继续制造、使用的；

(三)临时通过中国领陆、领水、领空的外国运输工具，依照其所属国同中国签订的协议或者共同参加的国际条约，或者依照互惠原则，为运输工具自身需要而在其装置和设备中使用有关专利的；

(四)专为科学研究和实验而使用有关专利的。

为生产经营目的使用或者销售不知道是未经专利权人许可而制造并售出的专利产品或者依照专利方法直接获得的产品，能证明其产品合法来源的，不承担赔偿责任。

◆ 本条第1款规定了4种不视为侵犯专利权的情形，分别是权利用尽、先用、临时过境、科学研究。在理解专利权用尽原则时应注意：①专利权用尽是相对于每一件投放市场的专利产品而言的，不是该专利权的整个权利从此就终结了；②产生"权利用尽"的前提是"有关产品被合法地投入市场"。

第六十四条 【泄露国家秘密的处罚】违反本法第二十条规定向外国申请专利，泄露国家秘密的，由所在单位或者上级主管机关给予行政处分；构成犯罪的，依法追究刑事责任。

第六十五条 【侵权行政处分】侵夺发明人或者设计人的非职务发明创造专利申请权和本法规定的其他权益的，由所在单位或者上级主管机关给予行政处分。

第六十六条 【主管部门推荐专利产品的禁止及处罚】管理专利工作

的部门不得参与向社会推荐专利产品等经营活动。

管理专利工作的部门违反前款规定的，由其上级机关或者监察机关责令改正，消除影响，有违法收入的予以没收；情节严重的，对直接负责的主管人员和其他直接责任人员依法给予行政处分。

第六十七条　【渎职处罚】从事专利管理工作的国家机关工作人员以及其他有关国家机关工作人员玩忽职守、滥用职权、徇私舞弊，构成犯罪的，依法追究刑事责任；尚不构成犯罪的，依法给予行政处分。

第八章　附　　则

第六十八条　【手续费用缴纳】向国务院专利行政部门申请专利和办理其他手续，应当按照规定缴纳费用。

◉【条文参见】《专细则》90－94

第六十九条　【施行日期】本法自 1985 年 4 月 1 日起施行。

中华人民共和国专利法
实 施 细 则

（2001 年 6 月 15 日中华人民共和国国务院令第 306 号

公布 根据 2002 年 12 月 28 日《国务院关于修改〈中华人民共

和国专利法实施细则〉的决定》修订 自 2003 年 2 月 1 日起施行）

第一章 总 则

第一条 根据《中华人民共和国专利法》（以下简称专利法），制定本细则。

第二条 专利法所称发明，是指对产品、方法或者其改进所提出的新的技术方案。

专利法所称实用新型，是指对产品的形状、构造或者其结合所提出的适于实用的新的技术方案。

专利法所称外观设计，是指对产品的形状、图案或者其结合以及色彩与形状、图案的结合所作出的富有美感并适于工业应用的新设计。

第三条 专利法和本细则规定的各种手续，应当以书面形式或者国务院专利行政部门规定的其他形式办理。

第四条 依照专利法和本细则规定提交的各种文件应当使用中文；国家有统一规定的科技术语的，应当采用规范词；外国人名、地名和科技术语没有统一中文译文的，应当注明原文。

依照专利法和本细则规定提交的各种证件和证明文件是外文的，国务院专利行政部门认为必要时，可以要求当事人在指定期限内附送中文译文；期满未附送的，视为未提交该证件和证明文件。

第五条 向国务院专利行政部门邮寄的各种文件，以寄出的邮戳日为递交日；邮戳日不清晰的，除当事人能够提出证明外，以国务院专利行政部门收到日为递交日。

国务院专利行政部门的各种文件，可以通过邮寄、直接送交或者其他方式送达当事人。当事人委托专利代理机构的，文件送交专利代理机构；未委托专利代理机构的，文件送交请求书中指明的联系人。

国务院专利行政部门邮寄的各种文件，自文件发出之日起满 15 日，推定为当事人收到文件之日。

根据国务院专利行政部门规定应当直接送交的文件，以交付日为送达日。

文件送交地址不清，无法邮寄的，可以通过公告的方式送达当事人。自公告之日起满 1 个月，该文件视为已经送达。

第六条 专利法和本细则规定的各种期限的第一日不计算在期限内。期限以年或者月计算的，以其最后一月的相应日为期限届满日；该月无相应日的，以该月最后一日为期限届满日；期限届满日是法定节假日的，以节假日后的第一个工作日为期限届满日。

第七条 当事人因不可抗拒的事由而延误专利法或者本细则规定的期限或者国务院专利行政部门指定的期限，导致其权利丧失的，自障碍消除之日起 2 个月内，最迟自期限届满之日起 2 年内，可以向国务院专利行政部门说明理由并附具有关证明文件，请求恢复权利。

当事人因正当理由而延误专利法或者本细则规定的期限或者国务院专利行政部门指定的期限，导致其权利丧失的，可以自收到国务院专利行政部门的通知之日起 2 个月内向国务院专利行政部门说明理由，请求恢复权利。

当事人请求延长国务院专利行政部门指定的期限的，应当在期限届满前，向国务院专利行政部门说明理由并办理有关手续。

本条第一款和第二款的规定不适用专利法第二十四条、第二十九条、第四十二条、第六十二条规定的期限。

第八条 发明专利申请涉及国防方面的国家秘密需要保密的，由国防专利机构受理；国务院专利行政部门受理的涉及国防方面的国家秘密需要保密的发明专利申请，应当移交国防专利机构审查，由国务院专利行政部门根据国防专利机构的审查意见作出决定。

除前款规定的外，国务院专利行政部门受理发明专利申请后，应当将需要进行保密审查的申请转送国务院有关主管部门审查；有关主管部门应当自收到该申请之日起 4 个月内，将审查结果通知国务院专利行政部门；需要保密的，由国务院专利行政部门按照保密专利申请处理，并通知申请人。

第九条 专利法第五条所称违反国家法律的发明创造，不包括仅其实施为国家法律所禁止的发明创造。

第十条 除专利法第二十八条和第四十二条规定的情形外，专利法所称申请日，有优先权的，指优先权日。

本细则所称申请日，除另有规定的外，是指专利法第二十八条规定的申请日。

第十一条 专利法第六条所称执行本单位的任务所完成的职务发明创造，是指：

（一）在本职工作中作出的发明创造；

（二）履行本单位交付的本职工作之外的任务所作出的发明创造；

（三）退职、退休或者调动工作后 1 年内作出的，与其在原单位承担的本职工作或者原单位分配的任务有关的发明创造。

专利法第六条所称本单位，包括临时工作单位；专利法第六条所称本单位的物质技术条件，是指本单位的资金、设备、零部件、原材料或者不对外公开的技术资料等。

第十二条 专利法所称发明人或者设计人，是指对发明创造的实质性特点作出创造性贡献的人。在完成发明创造过程中，只负责组织工作的人、为物质技术条件的利用提供方便的人或者从事其他辅助工作的人，不是发明人或者设计人。

第十三条 同样的发明创造只能被授予一项专利。

依照专利法第九条的规定，两个以上的申请人在同一日分别就同样的发明创造申请专利的，应当在收到国务院专利行政部门的通知后自行协商确定申请人。

第十四条 中国单位或者个人向外国人转让专利申请权或者专利权的，由国务院对外经济贸易主管部门会同国务院科学技术行政部门批准。

第十五条 除依照专利法第十条规定转让专利权外，专利权因其他事由发生转移的，当事人应当凭有关证明文件或者法律文书向国务院专利行政部门办理专利权人变更手续。

84

专利权人与他人订立的专利实施许可合同，应当自合同生效之日起3个月内向国务院专利行政部门备案。

第二章　专利的申请

第十六条　以书面形式申请专利的，应当向国务院专利行政部门提交申请文件一式两份。

以国务院专利行政部门规定的其他形式申请专利的，应当符合规定的要求。

申请人委托专利代理机构向国务院专利行政部门申请专利和办理其他专利事务的，应当同时提交委托书，写明委托权限。

申请人有2人以上且未委托专利代理机构的，除请求书中另有声明的外，以请求书中指明的第一申请人为代表人。

第十七条　专利法第二十六条第二款所称请求书中的其他事项，是指：

（一）申请人的国籍；

（二）申请人是企业或者其他组织的，其总部所在地的国家；

（三）申请人委托专利代理机构的，应当注明的有关事项；申请人未委托专利代理机构的，其联系人的姓名、地址、邮政编码及联系电话；

（四）要求优先权的，应当注明的有关事项；

（五）申请人或者专利代理机构的签字或者盖章；

（六）申请文件清单；

（七）附加文件清单；

（八）其他需要注明的有关事项。

第十八条　发明或者实用新型专利申请的说明书应当写明发明或者实用新型的名称，该名称应当与请求书中的名称一致。说明书应当包括下列内容：

（一）技术领域：写明要求保护的技术方案所属的技术领域；

（二）背景技术：写明对发明或者实用新型的理解、检索、审查有用的背景技术；有可能的，并引证反映这些背景技术的文件；

（三）发明内容：写明发明或者实用新型所要解决的技术问题以及解

决其技术问题采用的技术方案，并对照现有技术写明发明或者实用新型的有益效果；

(四) 附图说明：说明书有附图的，对各幅附图作简略说明；

(五) 具体实施方式：详细写明申请人认为实现发明或者实用新型的优选方式；必要时，举例说明；有附图的，对照附图。

发明或者实用新型专利申请人应当按照前款规定的方式和顺序撰写说明书，并在说明书每一部分前面写明标题，除非其发明或者实用新型的性质用其他方式或者顺序撰写能节约说明书的篇幅并使他人能够准确理解其发明或者实用新型。

发明或者实用新型说明书应当用词规范、语句清楚，并不得使用"如权利要求……所述的……"一类的引用语，也不得使用商业性宣传用语。

发明专利申请包含一个或者多个核苷酸或者氨基酸序列的，说明书应当包括符合国务院专利行政部门规定的序列表。申请人应当将该序列表作为说明书的一个单独部分提交，并按照国务院专利行政部门的规定提交该序列表的计算机可读形式的副本。

第十九条 发明或者实用新型的几幅附图可以绘在一张图纸上，并按照"图1，图2，……"顺序编号排列。

附图的大小及清晰度，应当保证在该图缩小到三分之二时仍能清晰地分辨出图中的各个细节。

发明或者实用新型说明书文字部分中未提及的附图标记不得在附图中出现，附图中未出现的附图标记不得在说明书文字部分中提及。申请文件中表示同一组成部分的附图标记应当一致。

附图中除必需的词语外，不应当含有其他注释。

第二十条 权利要求书应当说明发明或者实用新型的技术特征，清楚、简要地表述请求保护的范围。

权利要求书有几项权利要求的，应当用阿拉伯数字顺序编号。

权利要求书中使用的科技术语应当与说明书中使用的科技术语一致，可以有化学式或者数学式，但是不得有插图。除绝对必要的外，不得使用"如说明书……部分所述"或者"如图……所示"的用语。

权利要求中的技术特征可以引用说明书附图中相应的标记，该标记应当放在相应的技术特征后并置于括号内，便于理解权利要求。附图标记不得解释为对权利要求的限制。

第二十一条 权利要求书应当有独立权利要求，也可以有从属权利要求。

独立权利要求应当从整体上反映发明或者实用新型的技术方案，记载解决技术问题的必要技术特征。

从属权利要求应当用附加的技术特征，对引用的权利要求作进一步限定。

第二十二条 发明或者实用新型的独立权利要求应当包括前序部分和特征部分，按照下列规定撰写：

（一）前序部分：写明要求保护的发明或者实用新型技术方案的主题名称和发明或者实用新型主题与最接近的现有技术共有的必要技术特征；

（二）特征部分：使用"其特征是……"或者类似的用语，写明发明或者实用新型区别于最接近的现有技术的技术特征。这些特征和前序部分写明的特征合在一起，限定发明或者实用新型要求保护的范围。

发明或者实用新型的性质不适于用前款方式表达的，独立权利要求可以用其他方式撰写。

一项发明或者实用新型应当只有一个独立权利要求，并写在同一发明或者实用新型的从属权利要求之前。

第二十三条 发明或者实用新型的从属权利要求应当包括引用部分和限定部分，按照下列规定撰写：

（一）引用部分：写明引用的权利要求的编号及其主题名称；

（二）限定部分：写明发明或者实用新型附加的技术特征。

从属权利要求只能引用在前的权利要求。引用两项以上权利要求的多项从属权利要求，只能以择一方式引用在前的权利要求，并不得作为另一项多项从属权利要求的基础。

第二十四条 说明书摘要应当写明发明或者实用新型专利申请所公开内容的概要，即写明发明或者实用新型的名称和所属技术领域，并清楚地反映所要解决的技术问题、解决该问题的技术方案的要点以及主要用途。

说明书摘要可以包含最能说明发明的化学式；有附图的专利申请，还应当提供一幅最能说明该发明或者实用新型技术特征的附图。附图的大小及清晰度应当保证在该图缩小到 4 厘米 ×6 厘米时，仍能清晰地分辨出图中的各个细节。摘要文字部分不得超过 300 个字。摘要中不得使用商业性宣传用语。

第二十五条 申请专利的发明涉及新的生物材料，该生物材料公众不能得到，并且对该生物材料的说明不足以使所属领域的技术人员实施其发明的，除应当符合专利法和本细则的有关规定外，申请人还应当办理下列手续：

（一）在申请日前或者最迟在申请日（有优先权的，指优先权日），将该生物材料的样品提交国务院专利行政部门认可的保藏单位保藏，并在申请时或者最迟自申请日起 4 个月内提交保藏单位出具的保藏证明和存活证明；期满未提交证明的，该样品视为未提交保藏；

（二）在申请文件中，提供有关该生物材料特征的资料；

（三）涉及生物材料样品保藏的专利申请应当在请求书和说明书中写明该生物材料的分类命名（注明拉丁文名称）、保藏该生物材料样品的单位名称、地址、保藏日期和保藏编号；申请时未写明的，应当自申请日起 4 个月内补正；期满未补正的，视为未提交保藏。

第二十六条 发明专利申请人依照本细则第二十五条的规定保藏生物材料样品的，在发明专利申请公布后，任何单位或者个人需要将该专利申请所涉及的生物材料作为实验目的使用的，应当向国务院专利行政部门提出请求，并写明下列事项：

（一）请求人的姓名或者名称和地址；

（二）不向其他任何人提供该生物材料的保证；

（三）在授予专利权前，只作为实验目的使用的保证。

第二十七条 依照专利法第二十七条规定提交的外观设计的图片或者照片，不得小于 3 厘米 × 8 厘米，并不得大于 15 厘米 × 22 厘米。

同时请求保护色彩的外观设计专利申请，应当提交彩色图片或者照片一式两份。

申请人应当就每件外观设计产品所需要保护的内容提交有关视图或者照片，清楚地显示请求保护的对象。

第二十八条 申请外观设计专利的，必要时应当写明对外观设计的简要说明。

外观设计的简要说明应当写明使用该外观设计的产品的设计要点、请求保护色彩、省略视图等情况。简要说明不得使用商业性宣传用语，也不能用来说明产品的性能。

第二十九条 国务院专利行政部门认为必要时，可以要求外观设计专利申请人提交使用外观设计的产品样品或者模型。样品或者模型的体积不得超过 30 厘米×30 厘米×30 厘米，重量不得超过 15 公斤。易腐、易损或者危险品不得作为样品或者模型提交。

第三十条 专利法第二十二条第三款所称已有的技术，是指申请日（有优先权的，指优先权日）前在国内外出版物上公开发表、在国内公开使用或者以其他方式为公众所知的技术，即现有技术。

第三十一条 专利法第二十四条第（二）项所称学术会议或者技术会议，是指国务院有关主管部门或者全国性学术团体组织召开的学术会议或者技术会议。

申请专利的发明创造有专利法第二十四条第（一）项或者第（二）项所列情形的，申请人应当在提出专利申请时声明，并自申请日起 2 个月内，提交有关国际展览会或者学术会议、技术会议的组织单位出具的有关发明创造已经展出或者发表，以及展出或者发表日期的证明文件。

申请专利的发明创造有专利法第二十四条第（三）项所列情形的，国务院专利行政部门认为必要时，可以要求申请人在指定期限内提交证明文件。

申请人未依照本条第二款的规定提出声明和提交证明文件的，或者未依照本条第三款的规定在指定期限内提交证明文件的，其申请不适用专利法第二十四条的规定。

第三十二条 申请人依照专利法第三十条的规定办理要求优先权手续的，应当在书面声明中写明第一次提出专利申请（以下称在先申请）的申请日、申请号和受理该申请的国家；书面声明中未写明在先申请的申请日和受理该申请的国家的，视为未提出声明。

要求外国优先权的，申请人提交的在先申请文件副本应当经原受理机关证明；提交的证明材料中，在先申请人的姓名或者名称与在后申请的申请人姓名或者名称不一致的，应当提交优先权转让证明材料；要求本国优先权的，申请人提交的在先申请文件副本应当由国务院专利行政部门制作。

第三十三条 申请人在一件专利申请中，可以要求一项或者多项优先权；要求多项优先权的，该申请的优先权期限从最早的优先权日起计算。

申请人要求本国优先权，在先申请是发明专利申请的，可以就相同主题提出发明或者实用新型专利申请；在先申请是实用新型专利申请的，可以就相同主题提出实用新型或者发明专利申请。但是，提出后一申请时，在先申请的主题有下列情形之一的，不得作为要求本国优先权的基础：

（一）已经要求外国优先权或者本国优先权的；

（二）已经被授予专利权的；

（三）属于按照规定提出的分案申请的。

申请人要求本国优先权的，其在先申请自后一申请提出之日起即视为撤回。

第三十四条 在中国没有经常居所或者营业所的申请人，申请专利或者要求外国优先权的，国务院专利行政部门认为必要时，可以要求其提供下列文件：

（一）国籍证明；

（二）申请人是企业或者其他组织的，其营业所或者总部所在地的证明文件；

（三）申请人的所属国，承认中国单位和个人可以按照该国国民的同等条件，在该国享有专利权、优先权和其他与专利有关的权利的证明文件。

第三十五条 依照专利法第三十一条第一款规定，可以作为一件专利申请提出的属于一个总的发明构思的两项以上的发明或者实用新型，应当在技术上相互关联，包含一个或者多个相同或者相应的特定技术特征，其中特定技术特征是指每一项发明或者实用新型作为整体，对现有技术作出贡献的技术特征。

第三十六条 专利法第三十一条第二款所称同一类别，是指产品属于分类表中同一小类；成套出售或者使用，是指各产品的设计构思相同，并且习惯上是同时出售、同时使用。

依照专利法第三十一条第二款规定将两项以上外观设计作为一件申请提出的，应当将各项外观设计顺序编号标在每件使用外观设计产品的视图名称之前。

第三十七条　申请人撤回专利申请的，应当向国务院专利行政部门提出声明，写明发明创造的名称、申请号和申请日。

撤回专利申请的声明在国务院专利行政部门作好公布专利申请文件的印刷准备工作后提出的，申请文件仍予公布；但是，撤回专利申请的声明应当在以后出版的专利公报上予以公告。

第三章　专利申请的审查和批准

第三十八条　在初步审查、实质审查、复审和无效宣告程序中，实施审查和审理的人员有下列情形之一的，应当自行回避，当事人或者其他利害关系人可以要求其回避：

（一）是当事人或者其代理人的近亲属的；

（二）与专利申请或者专利权有利害关系的；

（三）与当事人或者其代理人有其他关系，可能影响公正审查和审理的；

（四）专利复审委员会成员曾参与原申请的审查的。

第三十九条　国务院专利行政部门收到发明或者实用新型专利申请的请求书、说明书（实用新型必须包括附图）和权利要求书，或者外观设计专利申请的请求书和外观设计的图片或者照片后，应当明确申请日、给予申请号，并通知申请人。

第四十条　专利申请文件有下列情形之一的，国务院专利行政部门不予受理，并通知申请人：

（一）发明或者实用新型专利申请缺少请求书、说明书（实用新型无附图）和权利要求书的，或者外观设计专利申请缺少请求书、图片或者照片的；

（二）未使用中文的；

（三）不符合本细则第一百二十条第一款规定的；

（四）请求书中缺少申请人姓名或者名称及地址的；

（五）明显不符合专利法第十八条或者第十九条第一款的规定的；

（六）专利申请类别（发明、实用新型或者外观设计）不明确或者难以确定的。

第四十一条　说明书中写有对附图的说明但无附图或者缺少部分附图的，申请人应当在国务院专利行政部门指定的期限内补交附图或者声明取消对附图的说明。申请人补交附图的，以向国务院专利行政部门提交或者邮寄附图之日为申请日；取消对附图的说明的，保留原申请日。

第四十二条　一件专利申请包括两项以上发明、实用新型或者外观设计的，申请人可以在本细则第五十四条第一款规定的期限届满前，向国务院专利行政部门提出分案申请；但是，专利申请已经被驳回、撤回或者视为撤回的，不能提出分案申请。

国务院专利行政部门认为一件专利申请不符合专利法第三十一条和本细则第三十五条或者第三十六条的规定的，应当通知申请人在指定期限内对其申请进行修改；申请人期满未答复的，该申请视为撤回。

分案的申请不得改变原申请的类别。

第四十三条　依照本细则第四十二条规定提出的分案申请，可以保留原申请日，享有优先权的，可以保留优先权日，但是不得超出原申请公开的范围。

分案申请应当依照专利法及本细则的规定办理有关手续。

分案申请的请求书中应当写明原申请的申请号和申请日。提交分案申请时，申请人应当提交原申请文件副本；原申请享有优先权的，并应当提交原申请的优先权文件副本。

第四十四条　专利法第三十四条和第四十条所称初步审查，是指审查专利申请是否具备专利法第二十六条或者第二十七条规定的文件和其他必要的文件，这些文件是否符合规定的格式，并审查下列各项：

（一）发明专利申请是否明显属于专利法第五条、第二十五条的规定，或者不符合专利法第十八条、第十九条第一款的规定，或者明显不符合专利法第三十一条第一款、第三十三条、本细则第二条第一款、第十八条、第二十条的规定；

（二）实用新型专利申请是否明显属于专利法第五条、第二十五条的规定，或者不符合专利法第十八条、第十九条第一款的规定，或者明显不符合专利法第二十六条第三款、第四款、第三十一条第一款、第三十三条、本细则第二条第二款、第十三条第一款、第十八条至第二十三条、第四十三条第一款的规定，或者依照专利法第九条规定不能取得专利权；

（三）外观设计专利申请是否明显属于专利法第五条的规定，或者不符合专利法第十八条、第十九条第一款的规定，或者明显不符合专利法第三十一条第二款、第三十三条、本细则第二条第三款、第十三条第一款、第四十三条第一款的规定，或者依照专利法第九条规定不能取得专利权。

国务院专利行政部门应当将审查意见通知申请人，要求其在指定期限内陈述意见或者补正；申请人期满未答复的，其申请视为撤回。申请人陈述意见或者补正后，国务院专利行政部门仍然认为不符合前款所列各项规定的，应当予以驳回。

第四十五条　除专利申请文件外，申请人向国务院专利行政部门提交的与专利申请有关的其他文件，有下列情形之一的，视为未提交：

（一）未使用规定的格式或者填写不符合规定的；

（二）未按照规定提交证明材料的。

国务院专利行政部门应当将视为未提交的审查意见通知申请人。

第四十六条　申请人请求早日公布其发明专利申请的，应当向国务院专利行政部门声明。国务院专利行政部门对该申请进行初步审查后，除予以驳回的外，应当立即将申请予以公布。

第四十七条　申请人依照专利法第二十七条的规定写明使用外观设计的产品及其所属类别时，应当使用国务院专利行政部门公布的外观设计产品分类表。未写明使用外观设计的产品所属类别或者所写的类别不确切的，国务院专利行政部门可以予以补充或者修改。

第四十八条　自发明专利申请公布之日起至公告授予专利权之日前，任何人均可以对不符合专利法规定的专利申请向国务院专利行政部门提出意见，并说明理由。

第四十九条　发明专利申请人因有正当理由无法提交专利法第三十六条规定的检索资料或者审查结果资料的，应当向国务院专利行政部门声明，并在得到有关资料后补交。

第五十条　国务院专利行政部门依照专利法第三十五条第二款的规定对专利申请自行进行审查时，应当通知申请人。

第五十一条　发明专利申请人在提出实质审查请求时以及在收到国务院专利行政部门发出的发明专利申请进入实质审查阶段通知书之日起的3个月内，可以对发明专利申请主动提出修改。

实用新型或者外观设计专利申请人自申请日起 2 个月内，可以对实用新型或者外观设计专利申请主动提出修改。

申请人在收到国务院专利行政部门发出的审查意见通知书后对专利申请文件进行修改的，应当按照通知书的要求进行修改。

国务院专利行政部门可以自行修改专利申请文件中文字和符号的明显错误。国务院专利行政部门自行修改的，应当通知申请人。

第五十二条 发明或者实用新型专利申请的说明书或者权利要求书的修改部分，除个别文字修改或者增删外，应当按照规定格式提交替换页。外观设计专利申请的图片或者照片的修改，应当按照规定提交替换页。

第五十三条 依照专利法第三十八条的规定，发明专利申请经实质审查应当予以驳回的情形是指：

（一）申请不符合本细则第二条第一款规定的；

（二）申请属于专利法第五条、第二十五条的规定，或者不符合专利法第二十二条、本细则第十三条第一款、第二十条第一款、第二十一条第二款的规定，或者依照专利法第九条规定不能取得专利权的；

（三）申请不符合专利法第二十六条第三款、第四款或者第三十一条第一款的规定的；

（四）申请的修改不符合专利法第三十三条规定，或者分案的申请不符合本细则第四十三条第一款规定的。

第五十四条 国务院专利行政部门发出授予专利权的通知后，申请人应当自收到通知之日起 2 个月内办理登记手续。申请人按期办理登记手续的，国务院专利行政部门应当授予专利权，颁发专利证书，并予以公告。

期满未办理登记手续的，视为放弃取得专利权的权利。

第五十五条 授予实用新型专利权的决定公告后，实用新型专利权人可以请求国务院专利行政部门作出实用新型专利检索报告。

请求作出实用新型专利检索报告的，应当提交请求书，并指明实用新型专利的专利号。每项请求应当限于一项实用新型专利。

国务院专利行政部门收到作出实用新型专利检索报告的请求后，应当进行审查。请求不符合规定要求的，应当通知请求人在指定期限内补正。

第五十六条 经审查，实用新型专利检索报告请求书符合规定的，国务院专利行政部门应当及时作出实用新型专利检索报告。

经检索，国务院专利行政部门认为所涉及的实用新型专利不符合专利法第二十二条关于新颖性或者创造性的规定的，应当引证对比文件，说明理由，并附具所引证对比文件的复印件。

第五十七条　国务院专利行政部门对专利公告、专利文件中出现的错误，一经发现，应当及时更正，并对所作更正予以公告。

第四章　专利申请的复审与
专利权的无效宣告

第五十八条　专利复审委员会由国务院专利行政部门指定的技术专家和法律专家组成，主任委员由国务院专利行政部门负责人兼任。

第五十九条　依照专利法第四十一条的规定向专利复审委员会请求复审的，应当提交复审请求书，说明理由，必要时还应当附具有关证据。

复审请求书不符合规定格式的，复审请求人应当在专利复审委员会指定的期限内补正；期满未补正的，该复审请求视为未提出。

第六十条　请求人在提出复审请求或者在对专利复审委员会的复审通知书作出答复时，可以修改专利申请文件；但是，修改应当仅限于消除驳回决定或者复审通知书指出的缺陷。

修改的专利申请文件应当提交一式两份。

第六十一条　专利复审委员会应当将受理的复审请求书转交国务院专利行政部门原审查部门进行审查。原审查部门根据复审请求人的请求，同意撤销原决定的，专利复审委员会应当据此作出复审决定，并通知复审请求人。

第六十二条　专利复审委员会进行复审后，认为复审请求不符合专利法和本细则有关规定的，应当通知复审请求人，要求其在指定期限内陈述意见。期满未答复的，该复审请求视为撤回；经陈述意见或者进行修改后，专利复审委员会认为仍不符合专利法和本细则有关规定的，应当作出维持原驳回决定的复审决定。

专利复审委员会进行复审后，认为原驳回决定不符合专利法和本细则有关规定的，或者认为经过修改的专利申请文件消除了原驳回决定指出的缺陷的，应当撤销原驳回决定，由原审查部门继续进行审查程序。

第六十三条　复审请求人在专利复审委员会作出决定前，可以撤回其复审请求。

复审请求人在专利复审委员会作出决定前撤回其复审请求的，复审程序终止。

第六十四条　依照专利法第四十五条的规定，请求宣告专利权无效或者部分无效的，应当向专利复审委员会提交专利权无效宣告请求书和必要的证据一式两份。无效宣告请求书应当结合提交的所有证据，具体说明无效宣告请求的理由，并指明每项理由所依据的证据。

前款所称无效宣告请求的理由，是指被授予专利的发明创造不符合专利法第二十二条、第二十三条、第二十六条第三款、第四款、第三十三条或者本细则第二条、第十三条第一款、第二十条第一款、第二十一条第二款的规定，或者属于专利法第五条、第二十五条的规定，或者依照专利法第九条规定不能取得专利权。

第六十五条　专利权无效宣告请求书不符合本细则第六十四条规定的，专利复审委员会不予受理。

在专利复审委员会就无效宣告请求作出决定之后，又以同样的理由和证据请求无效宣告的，专利复审委员会不予受理。

以授予专利权的外观设计与他人在先取得的合法权利相冲突为理由请求宣告外观设计专利权无效，但是未提交生效的能够证明权利冲突的处理决定或者判决的，专利复审委员会不予受理。

专利权无效宣告请求书不符合规定格式的，无效宣告请求人应当在专利复审委员会指定的期限内补正；期满未补正的，该无效宣告请求视为未提出。

第六十六条　在专利复审委员会受理无效宣告请求后，请求人可以在提出无效宣告请求之日起1个月内增加理由或者补充证据。逾期增加理由或者补充证据的，专利复审委员会可以不予考虑。

第六十七条　专利复审委员会应当将专利权无效宣告请求书和有关文件的副本送交专利权人，要求其在指定的期限内陈述意见。

专利权人和无效宣告请求人应当在指定期限内答复专利复审委员会发出的转送文件通知书或者无效宣告请求审查通知书；期满未答复的，不影响专利复审委员会审理。

第六十八条　在无效宣告请求的审查过程中，发明或者实用新型专利的专利权人可以修改其权利要求书，但是不得扩大原专利的保护范围。

发明或者实用新型专利的专利权人不得修改专利说明书和附图，外观设计专利的专利权人不得修改图片、照片和简要说明。

第六十九条　专利复审委员会根据当事人的请求或者案情需要，可以决定对无效宣告请求进行口头审理。

专利复审委员会决定对无效宣告请求进行口头审理的，应当向当事人发出口头审理通知书，告知举行口头审理的日期和地点。当事人应当在通知书指定的期限内作出答复。

无效宣告请求人对专利复审委员会发出的口头审理通知书在指定的期限内未作答复，并且不参加口头审理的，其无效宣告请求视为撤回；专利权人不参加口头审理的，可以缺席审理。

第七十条　在无效宣告请求审查程序中，专利复审委员会指定的期限不得延长。

第七十一条　专利复审委员会对无效宣告的请求作出决定前，无效宣告请求人可以撤回其请求。

无效宣告请求人在专利复审委员会作出决定之前撤回其请求的，无效宣告请求审查程序终止。

第五章　专利实施的强制许可

第七十二条　自专利权被授予之日起满3年后，任何单位均可以依照专利法第四十八条的规定，请求国务院专利行政部门给予强制许可。

请求强制许可的，应当向国务院专利行政部门提交强制许可请求书，说明理由并附具有关证明文件各一式两份。

国务院专利行政部门应当将强制许可请求书的副本送交专利权人，专利权人应当在国务院专利行政部门指定的期限内陈述意见；期满未答复的，不影响国务院专利行政部门作出关于强制许可的决定。

国务院专利行政部门作出的给予实施强制许可的决定，应当限定强制许可实施主要是为供应国内市场的需要；强制许可涉及的发明创造是半导体技术的，强制许可实施仅限于公共的非商业性使用，或者经司法程序或者行政程序确定为反竞争行为而给予救济的使用。

第七十三条　依照专利法第五十四条的规定，请求国务院专利行政部门裁决使用费数额的，当事人应当提出裁决请求书，并附具双方不能达成协议的证明文件。国务院专利行政部门应当自收到请求书之日起3个月内作出裁决，并通知当事人。

第六章　对职务发明创造的发明人或者设计人的奖励和报酬

第七十四条　被授予专利权的国有企业事业单位应当自专利权公告之日起3个月内发给发明人或者设计人奖金。一项发明专利的奖金最低不少于2000元；一项实用新型专利或者外观设计专利的奖金最低不少于500元。

由于发明人或者设计人的建议被其所属单位采纳而完成的发明创造，被授予专利权的国有企业事业单位应当从优发给奖金。

发给发明人或者设计人的奖金，企业可以计入成本，事业单位可以从事业费中列支。

第七十五条　被授予专利权的国有企业事业单位在专利权有效期限内，实施发明创造专利后，每年应当从实施该项发明或者实用新型专利所得利润纳税后提取不低于2%或者从实施该项外观设计专利所得利润纳税后提取不低于0.2%，作为报酬支付发明人或者设计人；或者参照上述比例，发给发明人或者设计人一次性报酬。

第七十六条　被授予专利权的国有企业事业单位许可其他单位或者个人实施其专利的，应当从许可实施该项专利收取的使用费纳税后提取不低于10%作为报酬支付发明人或者设计人。

第七十七条　本章关于奖金和报酬的规定，中国其他单位可以参照执行。

第七章　专利权的保护

第七十八条　专利法和本细则所称管理专利工作的部门，是指由省、自治区、直辖市人民政府以及专利管理工作量大又有实际处理能力的设区的市人民政府设立的管理专利工作的部门。

第七十九条 除专利法第五十七条规定的外，管理专利工作的部门应当事人请求，还可以对下列专利纠纷进行调解：

（一）专利申请权和专利权归属纠纷；

（二）发明人、设计人资格纠纷；

（三）职务发明的发明人、设计人的奖励和报酬纠纷；

（四）在发明专利申请公布后专利权授予前使用发明而未支付适当费用的纠纷。

对于前款第（四）项所列的纠纷，专利权人请求管理专利工作的部门调解，应当在专利权被授予之后提出。

第八十条 国务院专利行政部门应当对管理专利工作的部门处理和调解专利纠纷进行业务指导。

第八十一条 当事人请求处理或者调解专利纠纷的，由被请求人所在地或者侵权行为地的管理专利工作的部门管辖。

两个以上管理专利工作的部门都有管辖权的专利纠纷，当事人可以向其中一个管理专利工作的部门提出请求；当事人向两个以上有管辖权的管理专利工作的部门提出请求的，由最先受理的管理专利工作的部门管辖。

管理专利工作的部门对管辖权发生争议的，由其共同的上级人民政府管理专利工作的部门指定管辖；无共同上级人民政府管理专利工作的部门的，由国务院专利行政部门指定管辖。

第八十二条 在处理专利侵权纠纷过程中，被请求人提出无效宣告请求并被专利复审委员会受理的，可以请求管理专利工作的部门中止处理。

管理专利工作的部门认为被请求人提出的中止理由明显不能成立的，可以不中止处理。

第八十三条 专利权人依照专利法第十五条的规定，在其专利产品或者该产品的包装上标明专利标记的，应当按照国务院专利行政部门规定的方式予以标明。

第八十四条 下列行为属于假冒他人专利的行为：

（一）未经许可，在其制造或者销售的产品、产品的包装上标注他人的专利号；

（二）未经许可，在广告或者其他宣传材料中使用他人的专利号，使人将所涉及的技术误认为是他人的专利技术；

（三）未经许可，在合同中使用他人的专利号，使人将合同涉及的技术误认为是他人的专利技术；

（四）伪造或者变造他人的专利证书、专利文件或者专利申请文件。

第八十五条 下列行为属于以非专利产品冒充专利产品、以非专利方法冒充专利方法的行为：

（一）制造或者销售标有专利标记的非专利产品；

（二）专利权被宣告无效后，继续在制造或者销售的产品上标注专利标记；

（三）在广告或者其他宣传材料中将非专利技术称为专利技术；

（四）在合同中将非专利技术称为专利技术；

（五）伪造或者变造专利证书、专利文件或者专利申请文件。

第八十六条 当事人因专利申请权或者专利权的归属发生纠纷，已请求管理专利工作的部门处理或者向人民法院起诉的，可以请求国务院专利行政部门中止有关程序。

依照前款规定请求中止有关程序的，应当向国务院专利行政部门提交请求书，并附具管理专利工作的部门或者人民法院的有关受理文件副本。

在管理专利工作的部门作出的处理决定或者人民法院作出的判决生效后，当事人应当向国务院专利行政部门办理恢复有关程序的手续。自请求中止之日起1年内，有关专利申请权或者专利权归属的纠纷未能结案，需要继续中止有关程序的，请求人应当在该期限内请求延长中止。期满未请求延长的，国务院专利行政部门自行恢复有关程序。

第八十七条 人民法院在审理民事案件中裁定对专利权采取保全措施的，国务院专利行政部门在协助执行时中止被保全的专利权的有关程序。保全期限届满，人民法院没有裁定继续采取保全措施的，国务院专利行政部门自行恢复有关程序。

第八章 专利登记和专利公报

第八十八条 国务院专利行政部门设置专利登记簿，登记下列与专利申请和专利权有关的事项：

（一）专利权的授予；

（二）专利申请权、专利权的转移；

（三）专利权的质押、保全及其解除；

（四）专利实施许可合同的备案；

（五）专利权的无效宣告；

（六）专利权的终止；

（七）专利权的恢复；

（八）专利实施的强制许可；

（九）专利权人的姓名或者名称、国籍和地址的变更。

第八十九条 国务院专利行政部门定期出版专利公报，公布或者公告下列内容：

（一）专利申请中记载的著录事项；

（二）发明或者实用新型说明书的摘要，外观设计的图片或者照片及其简要说明；

（三）发明专利申请的实质审查请求和国务院专利行政部门对发明专利申请自行进行实质审查的决定；

（四）保密专利的解密；

（五）发明专利申请公布后的驳回、撤回和视为撤回；

（六）专利权的授予；

（七）专利权的无效宣告；

（八）专利权的终止；

（九）专利申请权、专利权的转移；

（十）专利实施许可合同的备案；

（十一）专利权的质押、保全及其解除；

（十二）专利实施的强制许可的给予；

（十三）专利申请或者专利权的恢复；

（十四）专利权人的姓名或者名称、地址的变更；

（十五）对地址不明的当事人的通知；

（十六）国务院专利行政部门作出的更正；

（十七）其他有关事项。

发明或者实用新型的说明书及其附图、权利要求书由国务院专利行政部门另行全文出版。

第九章 费 用

第九十条 向国务院专利行政部门申请专利和办理其他手续时，应当缴纳下列费用：

（一）申请费、申请附加费、公布印刷费；

（二）发明专利申请实质审查费、复审费；

（三）专利登记费、公告印刷费、申请维持费、年费；

（四）著录事项变更费、优先权要求费、恢复权利请求费、延长期限请求费、实用新型专利检索报告费；

（五）无效宣告请求费、中止程序请求费、强制许可请求费、强制许可使用费的裁决请求费。

前款所列各种费用的缴纳标准，由国务院价格管理部门会同国务院专利行政部门规定。

第九十一条 专利法和本细则规定的各种费用，可以直接向国务院专利行政部门缴纳，也可以通过邮局或者银行汇付，或者以国务院专利行政部门规定的其他方式缴纳。

通过邮局或者银行汇付的，应当在送交国务院专利行政部门的汇单上写明正确的申请号或者专利号以及缴纳的费用名称。不符合本款规定的，视为未办理缴费手续。

直接向国务院专利行政部门缴纳费用的，以缴纳当日为缴费日。以邮局汇付方式缴纳费用的，以邮局汇出的邮戳日为缴费日。以银行汇付方式缴纳费用的，以银行实际汇出日为缴费日；但是，自汇出日至国务院专利行政部门收到日超过 15 日的，除邮局或者银行出具证明外，以国务院专利行政部门收到日为缴费日。

多缴、重缴、错缴专利费用的，当事人可以自缴费日起 1 年内，向国务院专利行政部门提出退款请求。

第九十二条 申请人应当在收到受理通知书后，最迟自申请之日起 2 个月内缴纳申请费、公布印刷费和必要的附加费；期满未缴纳或者未缴足的，其申请视为撤回。

申请人要求优先权的，应当在缴纳申请费的同时缴纳优先权要求费；期满未缴纳或者未缴足的，视为未要求优先权。

第九十三条　当事人请求实质审查、恢复权利或者复审的，应当在专利法及本细则规定的相关期限内缴纳费用；期满未缴纳或者未缴足的，视为未提出请求。

第九十四条　发明专利申请人自申请日起满2年尚未被授予专利权的，自第三年度起应当缴纳申请维持费。

第九十五条　申请人办理登记手续时，应当缴纳专利登记费、公告印刷费和授予专利权当年的年费。发明专利申请人应当一并缴纳各个年度的申请维持费，授予专利权的当年不包括在内。期满未缴纳费用的，视为未办理登记手续。以后的年费应当在前一年度期满前1个月内预缴。

第九十六条　专利权人未按时缴纳授予专利权当年以后的年费或者缴纳的数额不足的，国务院专利行政部门应当通知专利权人自应当缴纳年费期满之日起6个月内补缴，同时缴纳滞纳金；滞纳金的金额按照每超过规定的缴费时间1个月，加收当年全额年费的5%计算；期满未缴纳的，专利权自应当缴纳年费期满之日起终止。

第九十七条　著录事项变更费、实用新型专利检索报告费、中止程序请求费、强制许可请求费、强制许可使用费的裁决请求费、无效宣告请求费应当自提出请求之日起1个月内，按照规定缴纳；延长期限请求费应当在相应期限届满之日前缴纳；期满未缴纳或者未缴足的，视为未提出请求。

第九十八条　申请人或者专利权人缴纳本细则规定的各种费用有困难的，可以按照规定向国务院专利行政部门提出减缴或者缓缴的请求。减缴或者缓缴的办法由国务院专利行政部门商国务院财政部门、国务院价格管理部门规定。

第十章　关于国际申请的
特别规定

第九十九条　国务院专利行政部门根据专利法第二十条规定，受理按照专利合作条约提出的专利国际申请。

按照专利合作条约提出并指定中国的专利国际申请（以下简称国际申请）进入中国国家阶段的条件和程序适用本章的规定；本章没有规定的，适用专利法及本细则其他各章的有关规定。

第一百条 按照专利合作条约已确定国际申请日并指定中国的国际申请，视为向国务院专利行政部门提出的专利申请，该国际申请日视为专利法第二十八条所称的申请日。

在国际阶段，国际申请或者国际申请中对中国的指定撤回或者视为撤回的，该国际申请在中国的效力终止。

第一百零一条 国际申请的申请人应当在专利合作条约第二条所称的优先权日（本章简称"优先权日"）起 30 个月内，向国务院专利行政部门办理国际申请进入中国国家阶段的下列手续：

（一）提交其国际申请进入中国国家阶段的书面声明。声明中应当写明国际申请号，并以中文写明要求获得的专利权类型、发明创造的名称、申请人姓名或者名称、申请人的地址和发明人的姓名，上述内容应当与国际局的记录一致；

（二）缴纳本细则第九十条第一款规定的申请费、申请附加费和公布印刷费；

（三）国际申请以中文以外的文字提出的，应当提交原始国际申请的说明书、权利要求书、附图中的文字和摘要的中文译文；国际申请以中文提出的，应当提交国际公布文件中的摘要副本；

（四）国际申请有附图的，应当提交附图副本。国际申请以中文提出的，应当提交国际公布文件中的摘要附图副本。

申请人在前款规定的期限内未办理进入中国国家阶段手续的，在缴纳宽限费后，可以在自优先权日起 32 个月的相应期限届满前办理。

第一百零二条 申请人在本细则第一百零一条第二款规定的期限内未办理进入中国国家阶段手续，或者在该期限届满时有下列情形之一的，其国际申请在中国的效力终止：

（一）进入中国国家阶段声明中未写明国际申请号的；

（二）未缴纳本细则第九十条第一款规定的申请费、公布印刷费和本细则第一百零一条第二款规定的宽限费的；

（三）国际申请以中文以外的文字提出而未提交原始国际申请的说明书和权利要求书的中文译文的。

国际申请在中国的效力已经终止的，不适用本细则第七条第二款的规定。

第一百零三条 申请人办理进入中国国家阶段手续时有下列情形之一的，国务院专利行政部门应当通知申请人在指定期限内补正：

（一）未提交摘要的中文译文或者摘要副本的；

（二）未提交附图副本或者摘要附图副本的；

（三）未在进入中国国家阶段声明中以中文写明发明创造的名称、申请人姓名或者名称、申请人的地址和发明人的姓名的；

（四）进入中国国家阶段声明的内容或者格式不符合规定的。

期限届满申请人未补正的，其申请视为撤回。

第一百零四条 国际申请在国际阶段作过修改，申请人要求以经修改的申请文件为基础进行审查的，申请人应当在国务院专利行政部门做好国家公布的准备工作前提交修改的中文译文。在该期间内未提交中文译文的，对申请人在国际阶段提出的修改，国务院专利行政部门不予考虑。

第一百零五条 申请人办理进入中国国家阶段手续时，还应当满足下列要求：

（一）国际申请中未指明发明人的，在进入中国国家阶段声明中指明发明人姓名；

（二）国际阶段向国际局已办理申请人变更手续的，应当提供变更后的申请人享有申请权的证明材料；

（三）申请人与作为优先权基础的在先申请的申请人不是同一人，或者提出在先申请后更改姓名的，必要时，应当提供申请人享有优先权的证明材料；

（四）国际申请涉及的发明创造有专利法第二十四条第（一）项或者第（二）项所列情形之一，在提出国际申请时作过声明的，应当在进入中国国家阶段声明中予以说明，并自办理进入中国国家阶段手续之日起2个月内提交本细则第三十一条第二款规定的有关证明文件。

申请人未满足前款第（一）项、第（二）项和第（三）项要求的，国务院专利行政部门应当通知申请人在指定期限内补正。期满未补正第

（一）项或者第（二）项内容的，该申请视为撤回；期满未补正第（三）项内容的，该优先权要求视为未提出。

申请人未满足本条第一款第（四）项要求的，其申请不适用专利法第二十四条的规定。

第一百零六条 申请人按照专利合作条约的规定，对生物材料样品的保藏已作出说明的，视为已经满足了本细则第二十五条第（三）项的要求。申请人应当在进入中国国家阶段声明中指明记载生物材料样品保藏事项的文件以及在该文件中的具体记载位置。

申请人在原始提交的国际申请的说明书中已记载生物材料样品保藏事项，但是没有在进入中国国家阶段声明中指明的，应当在办理进入中国国家阶段手续之日起4个月内补正。期满未补正的，该生物材料视为未提交保藏。

申请人在办理进入中国国家阶段手续之日起4个月内向国务院专利行政部门提交生物材料样品保藏证明和存活证明的，视为在本细则第二十五条第（一）项规定的期限内提交。

第一百零七条 申请人在国际阶段已要求一项或者多项优先权，在进入中国国家阶段时该优先权要求继续有效的，视为已经依照专利法第三十条的规定提出了书面声明。

申请人在国际阶段提出的优先权书面声明有书写错误或者未写明在先申请的申请号的，可以在办理进入中国国家阶段手续时提出改正请求或者写明在先申请的申请号。申请人提出改正请求的，应当缴纳改正优先权要求请求费。

申请人在国际阶段已依照专利合作条约的规定，提交过在先申请文件副本的，办理进入中国国家阶段手续时不需要向国务院专利行政部门提交在先申请文件副本。申请人在国际阶段未提交在先申请文件副本的，国务院专利行政部门认为必要时，可以通知申请人在指定期限内补交。申请人期满未补交的，其优先权要求视为未提出。

优先权要求在国际阶段视为未提出并经国际局公布该信息，申请人有正当理由的，可以在办理进入中国国家阶段手续时请求国务院专利行政部门恢复其优先权要求。

第一百零八条 在优先权日起30个月期满前要求国务院专利行政部

106

门提前处理和审查国际申请的，申请人除应当办理进入中国国家阶段手续外，还应当依照专利合作条约第二十三条第二款规定提出请求。国际局尚未向国务院专利行政部门传送国际申请的，申请人应当提交经确认的国际申请副本。

第一百零九条　要求获得实用新型专利权的国际申请，申请人可以在办理进入中国国家阶段手续之日起1个月内，向国务院专利行政部门提出修改说明书、附图和权利要求书。

要求获得发明专利权的国际申请，适用本细则第五十一条第一款的规定。

第一百一十条　申请人发现提交的说明书、权利要求书或者附图中的文字的中文译文存在错误的，可以在下列规定期限内依照原始国际申请文本提出改正：

（一）在国务院专利行政部门作好国家公布的准备工作之前；

（二）在收到国务院专利行政部门发出的发明专利申请进入实质审查阶段通知书之日起3个月内。

申请人改正译文错误的，应当提出书面请求，提交译文的改正页，并缴纳规定的译文改正费。

申请人按照国务院专利行政部门的通知书的要求改正译文的，应当在指定期限内办理本条第二款规定的手续；期满未办理规定手续的，该申请视为撤回。

第一百一十一条　对要求获得发明专利权的国际申请，国务院专利行政部门经初步审查认为符合专利法和本细则有关规定的，应当在专利公报上予以公布；国际申请以中文以外的文字提出的，应当公布申请文件的中文译文。

要求获得发明专利权的国际申请，由国际局以中文进行国际公布的，自国际公布日起适用专利法第十三条的规定；由国际局以中文以外的文字进行国际公布的，自国务院专利行政部门公布之日起适用专利法第十三条的规定。

对国际申请，专利法第二十一条和第二十二条中所称的公布是指本条第一款所规定的公布。

第一百一十二条　国际申请包含两项以上发明或者实用新型的，申请人在办理进入中国国家阶段手续后，依照本细则第四十二条第一款的规定，可以提出分案申请。

在国际阶段，国际检索单位或者国际初步审查单位认为国际申请不符合专利合作条约规定的单一性要求时，申请人未按照规定缴纳附加费，导致国际申请某些部分未经国际检索或者未经国际初步审查，在进入中国国家阶段时，申请人要求将所述部分作为审查基础，国务院专利行政部门认为国际检索单位或者国际初步审查单位对发明单一性的判断正确的，应当通知申请人在指定期限内缴纳单一性恢复费。期满未缴纳或者未足额缴纳的，国际申请中未经检索或者未经国际初步审查的部分视为撤回。

第一百一十三条 申请人依照本细则第一百零一条的规定提交文件和缴纳费用的，以国务院专利行政部门收到文件之日为提交日、收到费用之日为缴纳日。

提交的文件邮递延误的，申请人自发现延误之日起1个月内证明该文件已经在本细则第一百零一条规定的期限届满之日前5日交付邮寄的，该文件视为在期限届满之日收到。但是，申请人提供证明的时间不得迟于本细则第一百零一条规定的期限届满后6个月。

申请人依照本细则第一百零一条的规定向国务院专利行政部门提交文件，可以使用传真方式。申请人使用传真方式的，以国务院专利行政部门收到传真件之日为提交日。申请人应当自发送传真之日起14日内向国务院专利行政部门提交传真件的原件。期满未提交原件的，视为未提交该文件。

第一百一十四条 国际申请要求优先权的，申请人应当在办理进入中国国家阶段手续时缴纳优先权要求费；未缴纳或者未足额缴纳的，国务院专利行政部门应当通知申请人在指定的期限内缴纳；期满仍未缴纳或者未足额缴纳的，视为未要求该优先权。

第一百一十五条 国际申请在国际阶段被有关国际单位拒绝给予国际申请日或者宣布视为撤回的，申请人在收到通知之日起2个月内，可以请求国际局将国际申请档案中任何文件的副本转交国务院专利行政部门，并在该期限内向国务院专利行政部门办理本细则第一百零一条规定的手续，国务院专利行政部门应当在接到国际局传送的文件后，对国际单位作出的决定是否正确进行复查。

第一百一十六条　基于国际申请授予的专利权，由于译文错误，致使依照专利法第五十六条规定确定的保护范围超出国际申请的原文所表达的范围的，以依据原文限制后的保护范围为准；致使保护范围小于国际申请的原文所表达的范围的，以授权时的保护范围为准。

第十一章　附　　则

第一百一十七条　经国务院专利行政部门同意，任何人均可以查阅或者复制已经公布或者公告的专利申请的案卷和专利登记簿，并可以请求国务院专利行政部门出具专利登记簿副本。

已视为撤回、驳回和主动撤回的专利申请的案卷，自该专利申请失效之日起满2年后不予保存。

已放弃、宣告全部无效和终止的专利权的案卷，自该专利权失效之日起满3年后不予保存。

第一百一十八条　向国务院专利行政部门提交申请文件或者办理各种手续，应当使用国务院专利行政部门制定的统一格式，由申请人、专利权人、其他利害关系人或者其代表人签字或者盖章；委托专利代理机构的，由专利代理机构盖章。

请求变更发明人姓名、专利申请人和专利权人的姓名或者名称、国籍和地址、专利代理机构的名称、地址和代理人姓名的，应当向国务院专利行政部门办理著录事项变更手续，并附具变更理由的证明材料。

第一百一十九条　向国务院专利行政部门邮寄有关申请或者专利权的文件，应当使用挂号信函，不得使用包裹。

除首次提交申请文件外，向国务院专利行政部门提交各种文件、办理各种手续时，应当标明申请号或者专利号、发明创造名称和申请人或者专利权人姓名或者名称。

一件信函中应当只包含同一申请的文件。

第一百二十条　各类申请文件应当打字或者印刷，字迹呈黑色，整齐清晰，并不得涂改。附图应当用制图工具和黑色墨水绘制，线条应当均匀清晰，并不得涂改。

请求书、说明书、权利要求书、附图和摘要应当分别用阿拉伯数字顺序编号。

申请文件的文字部分应当横向书写。纸张限于单面使用。

第一百二十一条 国务院专利行政部门根据专利法和本细则制定专利审查指南。

第一百二十二条 本细则自 2001 年 7 月 1 日起施行。1992 年 12 月 12 日国务院批准修订、1992 年 12 月 21 日中国专利局发布的《中华人民共和国专利法实施细则》同时废止。

专利实施强制许可办法

（2003 年 6 月 13 日国家知识产权局令第 31 号公布　自 2003 年 7 月 15 日起施行）

第一章　总　则

第一条　为规范实施发明专利或者实用新型专利的强制许可（以下简称强制许可）的给予、费用裁决和终止程序，根据《中华人民共和国专利法》（以下简称专利法）、《中华人民共和国专利法实施细则》（以下简称专利法实施细则）以及有关法律法规，制定本办法。

第二条　国家知识产权局负责受理和审查强制许可、强制许可使用费裁决和终止强制许可的请求并作出决定。

第三条　请求给予强制许可、请求裁决强制许可使用费和请求终止强制许可，应当使用中文以书面形式办理。

依照本办法提交的证件、证明文件是外文的，当事人应当同时提交中文译文。未按规定提交中文译文的，视为未提交该证件、证明文件。

第四条　具备实施条件的单位以合理的条件请求发明或者实用新型专利权人许可实施其专利，而未能在合理长的时间内获得这种许可的，可以根据专利法第四十八条的规定请求给予实施发明专利或者实用新型专利的强制许可。

一项取得专利权的发明或者实用新型比前已经取得专利权的发明或者实用新型具有显著经济意义的重大技术进步，其实施又有赖于前一发明或者实用新型的实施的，该专利权人可以根据专利法第五十条的规定请求给予实施前一专利的强制许可，前一专利权人也可以请求给予实施后一专利的强制许可。

在国家出现紧急状态或者非常情况时，或者为了公共利益的目的，国务院有关主管部门有权根据专利法第四十九条的规定请求给予实施发明专利或者实用新型专利的强制许可。

第五条　请求人委托专利代理机构提出强制许可请求的，应当提交委托书，写明委托权限。

请求人有两个以上且未委托专利代理机构的，除请求书中另有声明外，以请求书中指明的第一请求人为代表人。

第二章　强制许可请求的
审查和决定

第六条　请求给予强制许可的，应当向国家知识产权局提交强制许可请求书，写明下列各项：

（一）请求人的姓名或者名称、地址；

（二）请求人的国籍或者其总部所在的国家；

（三）被请求强制许可的发明专利或实用新型专利的名称、专利号、申请日及授权公告日；

（四）被请求强制许可的发明专利或实用新型专利的专利权人姓名或者名称；

（五）请求给予强制许可的理由和事实；

（六）请求人委托专利代理机构的，应当注明的有关事项；请求人未委托专利代理机构的，其联系人的姓名、地址、邮政编码及联系电话；

（七）请求人的签字或者盖章；委托代理机构的，还应当有该专利代理机构的盖章；

（八）附加文件清单；

（九）其他需要注明的事项。

请求书及其附加文件应当一式两份。

第七条　强制许可请求涉及多项发明专利或者实用新型专利的，如果涉及两个或者两个以上的专利权人，应当按不同专利权人分别提交请求书。

第八条　强制许可请求有下列情形之一的，国家知识产权局不予受理，并通知请求人：

（一）被请求强制许可的发明专利或者实用新型专利的专利号不明确或者难以确定；

（二）请求文件未使用中文；

（三）明显不具备请求强制许可的理由。

第九条 请求文件不符合本办法第六条、第七条规定的，请求人应当在收到通知之日起 15 日内进行补正。期满未补正的，该请求视为未提出。

请求人应当自提出强制许可请求之日起 1 个月内缴纳强制许可请求费；逾期未缴纳或者未缴足的，该请求视为未提出。

第十条 对符合专利法、专利法实施细则及本办法规定的强制许可请求，国家知识产权局应当将请求书副本送交专利权人。专利权人应当在指定期限内陈述意见。期满未答复的，不影响国家知识产权局作出决定。

第十一条 国家知识产权局应当对请求人陈述的理由和提交的有关证明文件进行审查。需要实地核查的，国家知识产权局应当指派两名以上工作人员实地核查。

请求人陈述的理由和提交的有关证明文件不充分或不真实的，国家知识产权局在作出驳回强制许可请求的决定前应当通知请求人，给予其陈述意见的机会。

第十二条 请求人或者专利权人要求听证的，由国家知识产权局组织听证。

国家知识产权局应当在举行听证 7 日前通知请求人、专利权人和其他利害关系人。

除涉及国家秘密、商业秘密或者个人隐私外，听证公开进行。

国家知识产权局举行听证时，请求人、专利权人和其他利害关系人可以进行申辩和质证。

举行听证时应当制作听证笔录，交听证参加人员确认无误后签字或者盖章。

根据专利法第四十九条规定请求给予强制许可的，本条规定的听证程序不予适用。

第十三条 有下列情形之一的，国家知识产权局应当作出驳回强制许可请求的决定，并通知请求人：

（一）请求人不具备本办法第四条规定的主体资格；

（二）请求给予强制许可的理由不符合专利法第四十八条、第四十九条和第五十条的规定；

（三）强制许可请求涉及的发明创造是半导体技术的，其理由不符合专利法实施细则第七十二条的规定。

请求人对驳回强制许可请求的决定不服的，可以自收到通知之日起3个月内向人民法院起诉。

第十四条　请求人可以随时撤回其强制许可请求。请求人在国家知识产权局作出决定前撤回其请求的，强制许可请求的审查程序终止。

在国家知识产权局作出决定前，请求人与专利权人订立了专利实施许可合同的，应当及时通知国家知识产权局，并撤回其强制许可请求。

第十五条　强制许可请求经审查没有发现驳回理由的，国家知识产权局应当作出给予强制许可的决定，写明下列各项：

（一）取得实施强制许可的个人或者单位的姓名或者名称、地址；

（二）被强制许可的发明专利或实用新型专利的名称、专利号、申请日及授权公告日；

（三）给予强制许可的范围、规模和期限；

（四）决定的理由、事实和法律依据；

（五）国家知识产权局的印章及负责人签字；

（六）决定的日期；

（七）其他有关事项。

给予强制许可的决定应当及时通知请求人和专利权人。

第十六条　专利权人对给予强制许可的决定不服的，可以自收到通知之日起3个月内向人民法院起诉。

第十七条　已生效的给予强制许可的决定应当在专利登记簿上登记并在国家知识产权局专利公报、政府网站和中国知识产权报上予以公告。

第三章　强制许可使用费裁决请求的审查和裁决

第十八条　请求国家知识产权局裁决强制许可使用费的，应当符合下列条件：

（一）给予强制许可的决定已公告；

（二）请求人是专利权人或者取得实施强制许可的单位或者个人；

（三）双方经协商不能达成协议。

第十九条 请求裁决强制许可使用费的，应当提交强制许可使用费裁决请求书，写明下列各项：

（一）请求人的姓名或者名称、地址；

（二）请求人的国籍或者请求人总部所在的国家；

（三）给予强制许可的决定的文号；

（四）被请求人的姓名或者名称、地址；

（五）请求裁决强制许可使用费的理由；

（六）请求人委托专利代理机构的，应当注明的有关事项；请求人未委托专利代理机构的，其联系人的姓名、地址、邮政编码及联系电话；

（七）请求人的签字或者盖章；委托代理机构的，还应当有该专利代理机构的盖章；

（八）附加文件清单；

（九）其他需要注明的事项。

请求人应当提交请求书及其附加文件一式两份。

第二十条 强制许可使用费裁决请求有下列情形之一的，国家知识产权局不予受理，并通知请求人：

（一）所涉及的给予强制许可的决定不明确或者尚未公告；

（二）请求文件未使用中文；

（三）明显不具备请求裁决强制许可使用费的理由。

第二十一条 请求文件不符合本办法第十九条规定的，请求人应当在收到通知之日起15日内进行补正。期满未补正的，该请求视为未提出。

请求人应当自提出请求之日起1个月内缴纳强制许可使用费的裁决请求费；逾期未缴纳或者未缴足的，该请求视为未提出。

第二十二条 对符合专利法、专利法实施细则及本办法规定的强制许可使用费裁决请求，国家知识产权局应当将请求书副本送交对方当事人，对方当事人应当在指定期限内陈述意见。期满未答复的，不影响国家知识产权局作出决定。

强制许可使用费裁决过程中，当事人双方可以提交书面意见。国家知识产权局可以根据案情需要听取当事人双方的口头意见。

第二十三条 请求人可以随时撤回其裁决请求。请求人在国家知识产权局作出决定前撤回其裁决请求的，裁决程序终止。

第二十四条　国家知识产权局应当自收到请求书之日起3个月内作出强制许可使用费的裁决决定。

第二十五条　强制许可使用费裁决决定应当写明下列各项：

（一）取得实施强制许可的个人或者单位的姓名或者名称、地址；

（二）被强制许可的发明专利或实用新型专利的名称、专利号、申请日及授权公告日；

（三）裁决的内容及其理由；

（四）国家知识产权局的印章及负责人签字；

（五）决定的日期；

（六）其他有关事项。

强制许可使用费裁决决定应当及时通知双方当事人。

第二十六条　专利权人和取得实施强制许可的单位或者个人对强制许可使用费的裁决决定不服的，可以自收到通知之日起3个月内向人民法院起诉。

第四章　终止强制许可请求的审查和决定

第二十七条　给予强制许可的决定规定的强制许可期限届满时，强制许可自动终止。

强制许可自动终止的，国家知识产权局应当在专利登记簿上登记并在国家知识产权局专利公报、政府网站和中国知识产权报上予以公告。

第二十八条　给予强制许可的决定规定的强制许可期限届满前，强制许可的理由消除并不再发生的，专利权人可以请求国家知识产权局作出终止强制许可的决定。

请求终止强制许可的，应当提交终止强制许可请求书，写明下列各项：

（一）专利权人的姓名或者名称、地址；

（二）专利权人的国籍或者其总部所在的国家；

（三）被请求终止的给予强制许可的决定的文号；

（四）请求终止强制许可的理由和事实；

（五）专利权人委托专利代理机构的，应当注明的有关事项；专利权人未委托专利代理机构的，其联系人的姓名、地址、邮政编码及联系电话；

（六）专利权人的签字或者盖章；委托代理机构的，还应当有该专利代理机构的盖章；

（七）附加文件清单；

（八）其他需要注明的事项。

专利权人应当提交请求书及其附加文件一式两份。

第二十九条 终止强制许可请求有下列情形之一的，国家知识产权局不予受理，并通知请求人：

（一）请求人不是被强制许可的发明专利或者实用新型专利的权利人的；

（二）未写明请求终止的给予强制许可的决定的文号；

（三）请求文件未使用中文；

（四）明显不具备终止强制许可的理由。

第三十条 终止强制许可请求文件不符合本办法第二十八条规定的，请求人应当在收到通知之日起15日内进行补正。期满未补正的，该请求视为未提出。

第三十一条 对符合本办法规定的终止强制许可请求，国家知识产权局应当将请求书副本送交取得实施强制许可的单位或者个人。取得实施强制许可的单位或者个人应当在指定期限内陈述意见。期满未答复的，不影响国家知识产权局作出决定。

第三十二条 国家知识产权局应当对专利权人陈述的理由和提交的有关证明文件进行审查。需要实地核查的，国家知识产权局应当指派两名以上工作人员实地核查。

专利权人陈述的理由和提交的有关证明文件不充分或不真实的，国家知识产权局在作出决定前应当通知专利权人，给予其陈述意见的机会。

第三十三条 经审查认为请求终止强制许可的理由不成立的，国家知识产权局应当作出驳回终止强制许可请求的决定。

专利权人对驳回终止强制许可请求的决定不服的，可以自收到通知之日起 3 个月内向人民法院起诉。

第三十四条 专利权人可以随时撤回其终止强制许可请求。专利权人在国家知识产权局作出决定前撤回其请求的，相关程序终止。

第三十五条 终止强制许可的请求经审查没有发现驳回理由的，国家知识产权局应当作出终止强制许可的决定，写明下列各项：

（一）专利权人的姓名或者名称、地址；

（二）取得实施强制许可的个人或者单位的姓名或者名称、地址；

（三）发明专利或实用新型专利的名称、专利号、申请日及授权公告日；

（四）给予强制许可的决定的文号；

（五）决定的事实和法律依据；

（六）国家知识产权局的印章及负责人签字；

（七）决定的日期；

（八）其他有关事项。

终止强制许可请求的决定应当及时通知专利权人和取得实施强制许可的单位或者个人。

第三十六条 取得实施强制许可的单位或者个人对终止强制许可的决定不服的，可以自收到通知之日起 3 个月内向人民法院起诉。

第三十七条 已生效的终止强制许可的决定应当在专利登记簿上登记并在国家知识产权局专利公报、政府网站和中国知识产权报上予以公告。

第五章　附　　则

第三十八条 本办法由国家知识产权局负责解释。

第三十九条 本办法自 2003 年 7 月 15 日起施行。

最高人民法院关于审理专利纠纷案件适用法律问题的若干规定

(2001年6月19日最高人民法院审判委员会第1180次会议通过 法释〔2001〕21号 自2001年7月1日起施行)

为了正确审理专利纠纷案件，根据《中华人民共和国民法通则》（以下简称民法通则）、《中华人民共和国专利法》（以下简称专利法）、《中华人民共和国民事诉讼法》和《中华人民共和国行政诉讼法》等法律的规定，作如下规定：

第一条 人民法院受理下列专利纠纷案件：

1. 专利申请权纠纷案件；

2. 专利权权属纠纷案件；

3. 专利权、专利申请权转让合同纠纷案件；

4. 侵犯专利权纠纷案件；

5. 假冒他人专利纠纷案件；

6. 发明专利申请公布后、专利权授予前使用费纠纷案件；

7. 职务发明创造发明人、设计人奖励、报酬纠纷案件；

8. 诉前申请停止侵权、财产保全案件；

9. 发明人、设计人资格纠纷案件；

10. 不服专利复审委员会维持驳回申请复审决定案件；

11. 不服专利复审委员会专利权无效宣告请求决定案件；

12. 不服国务院专利行政部门实施强制许可决定案件；

13. 不服国务院专利行政部门实施强制许可使用费裁决案件；

14. 不服国务院专利行政部门行政复议决定案件；

15. 不服管理专利工作的部门行政决定案件；

16. 其他专利纠纷案件。

第二条 专利纠纷第一审案件，由各省、自治区、直辖市人民政府所在地的中级人民法院和最高人民法院指定的中级人民法院管辖。

第三条 当事人对专利复审委员会于2001年7月1日以后作出的关于实用新型、外观设计专利权撤销请求复审决定不服向人民法院起诉的，人民法院不予受理。

第四条 当事人对专利复审委员会于2001年7月1日以后作出的关于维持驳回实用新型、外观设计专利申请的复审决定，或者关于实用新型、外观设计专利权无效宣告请求的决定不服向人民法院起诉的，人民法院应当受理。

第五条 因侵犯专利权行为提起的诉讼，由侵权行为地或者被告住所地人民法院管辖。

侵权行为地包括：被控侵犯发明、实用新型专利权的产品的制造、使用、许诺销售、销售、进口等行为的实施地；专利方法使用行为的实施地，依照该专利方法直接获得的产品的使用、许诺销售、销售、进口等行为的实施地；外观设计专利产品的制造、销售、进口等行为的实施地；假冒他人专利的行为实施地。上述侵权行为的侵权结果发生地。

第六条 原告仅对侵权产品制造者提起诉讼，未起诉销售者，侵权产品制造地与销售地不一致的，制造地人民法院有管辖权；以制造者与销售者为共同被告起诉的，销售地人民法院有管辖权。

销售者是制造者分支机构，原告在销售地起诉侵权产品制造者制造、销售行为的，销售地人民法院有管辖权。

第七条 原告根据1993年1月1日以前提出的专利申请和根据该申请授予的方法发明专利权提起的侵权诉讼，参照本规定第五条、第六条的规定确定管辖。

人民法院在上述案件实体审理中依法适用方法发明专利权不延及产品的规定。

第八条 提起侵犯实用新型专利权诉讼的原告，应当在起诉时出具由国务院专利行政部门作出的检索报告。

侵犯实用新型、外观设计专利权纠纷案件的被告请求中止诉讼的，应当在答辩期内对原告的专利权提出宣告无效的请求。

第九条 人民法院受理的侵犯实用新型、外观设计专利权纠纷案件，被告在答辩期间内请求宣告该项专利权无效的，人民法院应当中止诉讼，但具备下列情形之一的，可以不中止诉讼：

（一）原告出具的检索报告未发现导致实用新型专利丧失新颖性、创造性的技术文献的；

（二）被告提供的证据足以证明其使用的技术已经公知的；

（三）被告请求宣告该项专利权无效所提供的证据或者依据的理由明显不充分的；

（四）人民法院认为不应当中止诉讼的其他情形。

第十条 人民法院受理的侵犯实用新型、外观设计专利权纠纷案件，被告在答辩期间届满后请求宣告该项专利权无效的，人民法院不应当中止诉讼，但经审查认为有必要中止诉讼的除外。

第十一条 人民法院受理的侵犯发明专利权纠纷案件或者经专利复审委员会审查维持专利权的侵犯实用新型、外观设计专利权纠纷案件，被告在答辩期间内请求宣告该项专利权无效的，人民法院可以不中止诉讼。

第十二条 人民法院决定中止诉讼，专利权人或者利害关系人请求责令被告停止有关行为或者采取其他制止侵权损害继续扩大的措施，并提供了担保，人民法院经审查符合有关法律规定的，可以在裁定中止诉讼的同时一并作出有关裁定。

第十三条 人民法院对专利权进行财产保全，应当向国务院专利行政部门发出协助执行通知书，载明要求协助执行的事项，以及对专利权保全的期限，并附人民法院作出的裁定书。

对专利权保全的期限一次不得超过 6 个月，自国务院专利行政部门收到协助执行通知书之日起计算。如果仍然需要对该专利权继续采取保全措施的，人民法院应当在保全期限届满前向国务院专利行政部门另行送达继续保全的协助执行通知书。保全期限届满前未送达的，视为自动解除对该专利权的财产保全。

人民法院对出质的专利权可以采取财产保全措施，质权人的优先受偿权不受保全措施的影响；专利权人与被许可人已经签订的独占实施许可合同，不影响人民法院对该专利权进行财产保全。

人民法院对已经进行保全的专利权，不得重复进行保全。

第十四条 2001 年 7 月 1 日以前利用本单位的物质技术条件所完成的

发明创造，单位与发明人或者设计人订有合同，对申请专利的权利和专利权的归属作出约定的，从其约定。

第十五条 人民法院受理的侵犯专利权纠纷案件，涉及权利冲突的，应当保护在先依法享有权利的当事人的合法权益。

第十六条 专利法第二十三条所称的在先取得的合法权利包括：商标权、著作权、企业名称权、肖像权、知名商品特有包装或者装潢使用权等。

第十七条 专利法第五十六条第一款所称的"发明或者实用新型专利权的保护范围以其权利要求的内容为准，说明书及附图可以用于解释权利要求"，是指专利权的保护范围应当以权利要求书中明确记载的必要技术特征所确定的范围为准，也包括与该必要技术特征相等同的特征所确定的范围。

等同特征是指与所记载的技术特征以基本相同的手段，实现基本相同的功能，达到基本相同的效果，并且本领域的普通技术人员无需经过创造性劳动就能够联想到的特征。

第十八条 侵犯专利权行为发生在 2001 年 7 月 1 日以前的，适用修改前专利法的规定追究民事责任；发生在 2001 年 7 月 1 日以后的，适用修改后专利法的规定追究民事责任。

第十九条 假冒他人专利的，人民法院可以依照专利法第五十八条的规定追究其民事责任。管理专利工作的部门未给予行政处罚的，人民法院可以依照民法通则第一百三十四条第三款的规定给予民事制裁，适用民事罚款数额可以参照专利法第五十八条的规定确定。

第二十条 人民法院依照专利法第五十七条第一款的规定追究侵权人的赔偿责任时，可以根据权利人的请求，按照权利人因被侵权所受到的损失或者侵权人因侵权所获得的利益确定赔偿数额。

权利人因被侵权所受到的损失可以根据专利权人的专利产品因侵权所造成销售量减少的总数乘以每件专利产品的合理利润所得之积计算。权利人销售量减少的总数难以确定的，侵权产品在市场上销售的总数乘以每件专利产品的合理利润所得之积可以视为权利人因被侵权所受到的损失。

侵权人因侵权所获得的利益可以根据该侵权产品在市场上销售的总数乘以每件侵权产品的合理利润所得之积计算。侵权人因侵权所获得的利益一般按照侵权人的营业利润计算，对于完全以侵权为业的侵权人，可以按照销售利润计算。

第二十一条 被侵权人的损失或者侵权人获得的利益难以确定，有专利许可使用费可以参照的，人民法院可以根据专利权的类别、侵权人侵权的性质和情节、专利许可使用费的数额、该专利许可的性质、范围、时间等因素，参照该专利许可使用费的 1 至 3 倍合理确定赔偿数额；没有专利许可使用费可以参照或者专利许可使用费明显不合理的，人民法院可以根据专利权的类别、侵权人侵权的性质和情节等因素，一般在人民币 5000元以上 30 万元以下确定赔偿数额，最多不得超过人民币 50 万元。

第二十二条 人民法院根据权利人的请求以及具体案情，可以将权利人因调查、制止侵权所支付的合理费用计算在赔偿数额范围之内。

第二十三条 侵犯专利权的诉讼时效为 2 年，自专利权人或者利害关系人知道或者应当知道侵权行为之日起计算。权利人超过 2 年起诉的，如果侵权行为在起诉时仍在继续，在该项专利权有效期内，人民法院应当判决被告停止侵权行为，侵权损害赔偿数额应当自权利人向人民法院起诉之日起向前推算 2 年计算。

第二十四条 专利法第十一条、第六十三条所称的许诺销售，是指以做广告、在商店橱窗中陈列或者在展销会上展出等方式作出销售商品的意思表示。

第二十五条 人民法院受理的侵犯专利权纠纷案件，已经过管理专利工作的部门作出侵权或者不侵权认定的，人民法院仍应当就当事人的诉讼请求进行全面审查。

第二十六条 以前的有关司法解释与本规定不一致的，以本规定为准。

中华人民共和国商标法

(1982 年 8 月 23 日第五届全国人民代表大会常务
委员会第二十四次会议通过 根据 1993 年 2 月 22 日第七届全国
人民代表大会常务委员会第三十次会议《关于修改〈中华人
民共和国商标法〉的决定》第一次修正 根据 2001 年 10 月 27 日
第九届全国人民代表大会常务委员会第二十四次会议《关于
修改〈中华人民共和国商标法〉的决定》第二次修正)

目 录

第一章 总 则

第一条 【立法宗旨】为了加强商标管理,保护商标专用权,促使生产、经营者保证商品和服务质量,维护商标信誉,以保障消费者和生产、经营者的利益,促进社会主义市场经济的发展,特制定本法。

◆ 商标,是商业主体在其提供的商品或者服务上使用的,能够将其商品或服务与其他市场主体提供的商品或服务区别开来的标志。

第二条 【行政主管部门】国务院工商行政管理部门商标局主管全国

商标注册和管理的工作。

国务院工商行政管理部门设立商标评审委员会，负责处理商标争议事宜。

第三条　**【商标专用权的取得与保护】**经商标局核准注册的商标为注册商标，包括商品商标、服务商标和集体商标、证明商标；商标注册人享有商标专用权，受法律保护。

本法所称集体商标，是指以团体、协会或者其他组织名义注册，供该组织成员在商事活动中使用，以表明使用者在该组织中的成员资格的标志。

本法所称证明商标，是指由对某种商品或者服务具有监督能力的组织所控制，而由该组织以外的单位或者个人使用于其商品或者服务，用以证明该商品或者服务的原产地、原料、制造方法、质量或者其他特定品质的标志。

集体商标、证明商标注册和管理的特殊事项，由国务院工商行政管理部门规定。

◆ 通常，自然人、法人或者其他组织在其生产、制造、加工、拣选或者经销的商品上使用的商标为商品商标，在其提供服务时使用的商标，为服务商标。商品商标又可分为制造商标和销售商标。制造商标是指由商品的生产者在其商品上使用的，标明该商品系由商标所有人所生产的商标；销售商标的使用者主要是处于流通领域的企业，这些企业通常被视为服务业，但当他们将某一商标使用在他们销售的商品上时，此商标表示的是该商品，而不是其提供的服务，故属于商品商标。

第四条　**【商标注册申请人】**自然人、法人或者其他组织对其生产、制造、加工、拣选或者经销的商品，需要取得商标专用权的，应当向商标局申请商品商标注册。

自然人、法人或者其他组织对其提供的服务项目，需要取得商标专用权的，应当向商标局申请服务商标注册。

本法有关商品商标的规定，适用于服务商标。

◆ 在我国，获得商标权的原则是注册取得制度为主，驰名取得为辅；自愿注册制度为主，强制注册制度为辅。

◈ 生产经营的企业注册的商品类别，不需要和工商行政部门核发的企业营业执照上的经营范围相同。

◈ 使用注册商标，可以在商品、商品包装、说明书或者其他附着物上标明"注册商标"或者注册标记。注册标记包括Ⓡ和Ⓣ。使用注册标记，应当标注在商标的右上角或者右下角。[《中华人民共和国商标法实施条例》（以下简称《商条例》）37]

第五条 【商标专用权的共有】两个以上的自然人、法人或者其他组织可以共同向商标局申请注册同一商标，共同享有和行使该商标专用权。

第六条 【必须使用注册商标的商品】国家规定必须使用注册商标的商品，必须申请商标注册，未经核准注册的，不得在市场销售。

◈ 本条所称国家规定必须使用注册商标的商品，是指法律、行政法规规定的必须使用注册商标的商品。

第七条 【使用商标的商品质量管理】商标使用人应当对其使用商标的商品质量负责。各级工商行政管理部门应当通过商标管理，制止欺骗消费者的行为。

第八条 【商标的构成要素】任何能够将自然人、法人或者其他组织的商品与他人的商品区别开的可视性标志，包括文字、图形、字母、数字、三维标志和颜色组合，以及上述要素的组合，均可以作为商标申请注册。

◈ 可视性是指商标能够通过视觉感知。注意我国目前不能注册单色商标（只能是颜色的组合）。

第九条 【商标的显著性】申请注册的商标，应当有显著特征，便于识别，并不得与他人在先取得的合法权利相冲突。

商标注册人有权标明"注册商标"或者注册标记。

◈ 注册商标的显著性是申请注册商标的必要条件，是指注册商标应能使人据此识别出不同的商品或者服务。

第十条 【禁止作为商标使用的标志】下列标志不得作为商标使用：

（一）同中华人民共和国的国家名称、国旗、国徽、军旗、勋章相同

126

或者近似的，以及同中央国家机关所在地特定地点的名称或者标志性建筑物的名称、图形相同的；

（二）同外国的国家名称、国旗、国徽、军旗相同或者近似的，但该国政府同意的除外；

（三）同政府间国际组织的名称、旗帜、徽记相同或者近似的，但经该组织同意或者不易误导公众的除外；

（四）与表明实施控制、予以保证的官方标志、检验印记相同或者近似的，但经授权的除外；

（五）同"红十字"、"红新月"的名称、标志相同或者近似的；

（六）带有民族歧视性的；

（七）夸大宣传并带有欺骗性的；

（八）有害于社会主义道德风尚或者有其他不良影响的。

县级以上行政区划的地名或者公众知晓的外国地名，不得作为商标。但是，地名具有其他含义或者作为集体商标、证明商标组成部分的除外；已经注册的使用地名的商标继续有效。

◆ 本条中的这些标志不仅不能作为注册商标使用，也不能作为未注册商标使用。

第十一条 【禁止作为商标注册的标志】下列标志不得作为商标注册：

（一）仅有本商品的通用名称、图形、型号的；

（二）仅仅直接表示商品的质量、主要原料、功能、用途、重量、数量及其他特点的；

（三）缺乏显著特征的。

前款所列标志经过使用取得显著特征，并便于识别的，可以作为商标注册。

◆ 注册商标中含有的本商品的通用名称、图形、型号，或者直接表示商品的质量、主要原料、功能、用途、重量、数量及其他特点，或者含有地名，注册商标专用权人无权禁止他人正当使用。（《商条例》49）

第十二条 【以三维标志作为注册商标的特殊要求】以三维标志申请

127

注册商标的，仅由商品自身的性质产生的形状、为获得技术效果而需有的商品形状或者使商品具有实质性价值的形状，不得注册。

◆ 由于产品的立体形状有时是由商品本身的原因而不仅仅是由于商品所有人的设计决定的，为了防止商标所有人对相关商品的垄断，法律对其作出了特殊规定。"仅由商品自身的性质产生的形状"不得注册，主要是由于该形状无法从观念上与商品区别开，即缺乏显著性；"为获得技术效果而需有的商品形状"不得注册的原因，是防止有人将技术方案用商标法来保护，从而使得其对技术的专有变得在事实上没有期限；"使商品具有实质性价值的形状"不得注册，主要也是基于其缺乏显著性。

第十三条 【驰名商标的保护】就相同或者类似商品申请注册的商标是复制、摹仿或者翻译他人未在中国注册的驰名商标，容易导致混淆的，不予注册并禁止使用。

就不相同或者不相类似商品申请注册的商标是复制、摹仿或者翻译他人已经在中国注册的驰名商标，误导公众，致使该驰名商标注册人的利益可能受到损害的，不予注册并禁止使用。

◆ 驰名商标是指在一定地域范围内的市场上享有很高声誉并为相关公众所熟知的商标。对于未在我国注册的驰名商标，其特殊保护的效力仅仅基于"相同或者类似商品"；而对于已经在我国注册的驰名商标，其特殊保护的效力还及于"不相同或者不相类似的商品"。

◆ 依据本条第1款的规定，复制、摹仿、翻译他人未在中国注册的驰名商标或其主要部分，在相同或者类似商品上作为商标使用，容易导致混淆的，应当承担停止侵害的民事法律责任。[《最高人民法院关于审理商标民事纠纷案件适用法律若干问题的解释》（以下简称《商解释》）2]

◆ 商标所有人认为他人将其驰名商标作为企业名称登记，可能欺骗公众或者对公众造成误解的，可以向企业名称登记主管机关申请撤销该企业名称登记。（《商条例》53）

128

【条文参见】《商条例》5、45；《商解释》6、8

第十四条　【驰名商标的认定】认定驰名商标应当考虑下列因素：

（一）相关公众对该商标的知晓程度；

（二）该商标使用的持续时间；

（三）该商标的任何宣传工作的持续时间、程度和地理范围；

（四）该商标作为驰名商标受保护的记录；

（五）该商标驰名的其他因素。

◈ 相关公众，是指与商标所标识的某类商品或者服务有关的消费者和与前述商品或者服务的营销有密切关系的其他经营者（《商解释》8）。商标法上所称商标的"使用"，包括将商标用于商品、商品包装或者容器以及商品交易文书上，或者将商标用于广告宣传、展览以及其他商业活动中（《著条例》3）。"作为驰名商标受保护的记录"，是指在以往的商标案件中商标管理机关或者司法机关保护驰名商标所作出的处理决定或者判决书。

◈ 我国对驰名商标的认定有四种方式：①在商标注册、评审程序中请求认定和保护驰名商标；②在商标使用管理中请求认定和保护驰名商标；③在企业名称登记管理工作中请求保护驰名商标；④向法院请求认定和保护驰名商标。与此相对应，在我国认定驰名商标可以由以下机关进行：①国家工商总局商标局和商标评审委员会；②市（地、州）级以上工商行政管理部门；③县级（市辖区）以上工商行政管理部门；④中级以上人民法院或经最高人民法院批准的一些基层人民法院。

【条文参见】《商条例》5、45；《商解释》8、22；《驰名商标认定和保护规定》

第十五条　【恶意注册的禁止】未经授权，代理人或者代表人以自己的名义将被代理人或者被代表人的商标进行注册，被代理人或者被代表人提出异议的，不予注册并禁止使用。

第十六条　【地理标志】商标中有商品的地理标志，而该商品并非来

129

源于该标志所标示的地区，误导公众的，不予注册并禁止使用；但是，已经善意取得注册的继续有效。

前款所称地理标志，是指标示某商品来源于某地区，该商品的特定质量、信誉或者其他特征，主要由该地区的自然因素或者人文因素所决定的标志。

◆ 地理标志的核心构成要素是客观存在的"地理名称"而非臆造、虚构的词汇。因此对于使用地理标志的商品，必须来源于该地。

◆ 在我国，地理标志可以作为证明商标或者集体商标申请注册。以地理标志作为证明商标注册的，其商品符合使用该地理标志条件的自然人、法人或者其他组织可以要求使用该证明商标，控制该证明商标的组织应当允许。以地理标志作为集体商标注册的，其商品符合使用该地理标志条件的自然人、法人或者其他组织，可以要求参加以该地理标志作为集体商标注册的团体、协会或者其他组织，该团体、协会或者其他组织应当依据其章程接纳为会员；不要求参加以该地理标志作为集体商标注册的团体、协会或者其他组织的，也可以正当使用该地理标志，该团体、协会或者其他组织无权禁止。（《商条例》6）

第十七条 　【外国商标注册的基本原则】外国人或者外国企业在中国申请商标注册的，应当按其所属国和中华人民共和国签订的协议或者共同参加的国际条约办理，或者按对等原则办理。

第十八条 　【商标代理】外国人或者外国企业在中国申请商标注册和办理其他商标事宜的，应当委托国家认可的具有商标代理资格的组织代理。

◆ 本条所称外国人或者外国企业，是指在中国没有经常居所或者营业所的外国人或者外国企业。（《商条例》7）

第二章　商标注册的申请

第十九条 　【商标注册申请的提出】申请商标注册的，应当按规定的商品分类表填报使用商标的商品类别和商品名称。

◈ 商标注册的申请日期，以商标局收到申请文件的日期为准。商标局或者商标评审委员会向当事人送达各种文件的日期，邮寄的，以当事人收到的邮戳日为准；邮戳日不清晰或者没有邮戳的，自文件发出之日起满15日，视为送达当事人；直接递交的，以递交日为准。文件无法邮寄或者无法直接递交的，可以通过公告方式送达当事人，自公告发布之日起满30日，该文件视为已经送达。（《商条例》11、18）

【条文参见】《商条例》8－16、18

第二十条　【一件商标一份申请原则】 商标注册申请人在不同类别的商品上申请注册同一商标的，应当按商品分类表提出注册申请。

第二十一条　【注册商标扩大使用范围的另行申请】 注册商标需要在同一类的其他商品上使用的，应当另行提出注册申请。

第二十二条　【注册商标改变标志的重新申请】 注册商标需要改变其标志的，应当重新提出注册申请。

第二十三条　【注册商标的变更申请】 注册商标需要变更注册人的名义、地址或者其他注册事项的，应当提出变更申请。

◈【条文参见】《商条例》17、24

第二十四条　【优先权及其手续】 商标注册申请人自其商标在外国第一次提出商标注册申请之日起6个月内，又在中国就相同商品以同一商标提出商标注册申请的，依照该外国同中国签订的协议或者共同参加的国际条约，或者按照相互承认优先权的原则，可以享有优先权。

依照前款要求优先权的，应当在提出商标注册申请的时候提出书面声明，并且在3个月内提交第一次提出的商标注册申请文件的副本；未提出书面声明或者逾期未提交商标注册申请文件副本的，视为未要求优先权。

◈ 依照本条规定要求优先权的，申请人提交的第一次提出商标注册申请文件的副本应当经受理该申请的商标主管机关证明，并注明申请日期和申请号。（《商条例》20）

第二十五条　【国际展览会中的临时保护】 商标在中国政府主办的或

者承认的国际展览会展出的商品上首次使用的，自该商品展出之日起6个月内，该商标的注册申请人可以享有优先权。

依照前款要求优先权的，应当在提出商标注册申请的时候提出书面声明，并且在3个月内提交展出其商品的展览会名称、在展出商品上使用该商标的证据、展出日期等证明文件；未提出书面声明或者逾期未提交证明文件的，视为未要求优先权。

◆ 依照本条规定要求优先权的，申请人提交的证明文件应当经国务院工商行政管理部门规定的机构认证；展出其商品的国际展览会是在中国境内举办的除外。(《商条例》20)

第二十六条 【有关事项和材料的真实、准确、完整】为申请商标注册所申报的事项和所提供的材料应当真实、准确、完整。

第三章　商标注册的审查和核准

第二十七条 【初步审定并公告】申请注册的商标，凡符合本法有关规定的，由商标局初步审定，予以公告。

◆ 商标的审查包括如下阶段：审查、公告、异议、核准。初步审定是在进行形式审查和实质审查之后。

第二十八条 【商标注册申请的驳回】申请注册的商标，凡不符合本法有关规定或者同他人在同一种商品或者类似商品上已经注册的或者初步审定的商标相同或者近似的，由商标局驳回申请，不予公告。

第二十九条 【申请在先与使用在先原则】两个或者两个以上的商标注册申请人，在同一种商品或者类似商品上，以相同或者近似的商标申请注册的，初步审定并公告申请在先的商标；同一天申请的，初步审定并公告使用在先的商标，驳回其他人的申请，不予公告。

◆ 两个或者两个以上的申请人，在同一种商品或者类似商品上，分别以相同或者近似的商标在同一天申请注册的，各申请人应当自收到商标局通知之日起30日内提交其申请注册前在先使用该商标的证据。同日使用或者均未使用的，各申请人可以自收到商标局通知之日起 30 日内自行协商，并将书面协议报送商标局；不愿协商或者协商不成的，商标局通知各申请人以抽签的方式确定一个申请人，驳回其他人的注册申请。商标局已经通知但申请人未参加抽签的，视为放弃申请，商标局应当书面通知未参加抽签的申请人。（《商条例》19）

第三十条　【商标的核准注册和商标异议】对初步审定的商标，自公告之日起 3 个月内，任何人均可以提出异议。公告期满无异议的，予以核准注册，发给商标注册证，并予公告。

第三十一条　【在先权利与恶意抢注】申请商标注册不得损害他人现有的在先权利，也不得以不正当手段抢先注册他人已经使用并有一定影响的商标。

◆"申请商标注册不得损害他人现有的在先权利"，是指申请注册的商标不得与他人已经获得的著作权、名称权、外观设计专利权、肖像权、姓名权等权利相冲突。"在先"即他人权利的产生之日早于商标注册申请日。"有一定影响"的商标，是指在一定地域内被一定的人群所知晓的商标，这种商标不同于驰名商标，驰名商标的知名度远远高于前者，保护也强于前者。

第三十二条　【驳回商标申请的复审】对驳回申请、不予公告的商标，商标局应当书面通知商标注册申请人。商标注册申请人不服的，可以自收到通知之日起 15 日内向商标评审委员会申请复审，由商标评审委员会做出决定，并书面通知申请人。

当事人对商标评审委员会的决定不服的，可以自收到通知之日起 30 日内向人民法院起诉。

◆【条文参见】《商条例》28

第三十三条　【商标异议的复审】对初步审定、予以公告的商标提出异议的，商标局应当听取异议人和被异议人陈述事实和理由，经调查核实后，做出裁定。当事人不服的，可以自收到通知之日起 15 日内向商标评审委员会申请复审，由商标评审委员会做出裁定，并书面通知异议人和被异议人。

当事人对商标评审委员会的裁定不服的，可以自收到通知之日起30日内向人民法院起诉。人民法院应当通知商标复审程序的对方当事人作为第三人参加诉讼。

◈ 商标异议实行<u>司法最终审查原则</u>，即商标评审委员会的复审决定不是终局决定。

第三十四条　【商标局裁定的生效】当事人在法定期限内对商标局做出的裁定不申请复审或者对商标评审委员会做出的裁定不向人民法院起诉的，裁定生效。

经裁定异议不能成立的，予以核准注册，发给商标注册证，并予公告；经裁定异议成立的，不予核准注册。

经裁定异议不能成立而核准注册的，商标注册申请人取得商标专用权的时间自初审公告3个月期满之日起计算。

◈ 本条第2款所称<u>异议成立</u>，包括在部分指定商品上成立。异议在部分指定商品上成立的，在该部分指定商品上的商标注册申请不予核准。（《商条例》23）

【条文参见】《商条例》9、11、21－23

第三十五条　【及时审查原则】对商标注册申请和商标复审申请应当及时进行审查。

第三十六条　【商标申请文件或注册文件错误的更正】商标注册申请人或者注册人发现商标申请文件或者注册文件有明显错误的，可以申请更正。商标局依法在其职权范围内作出更正，并通知当事人。

前款所称更正错误不涉及商标申请文件或者注册文件的实质性内容。

第四章　注册商标的续展、转让和使用许可

第三十七条　【注册商标的期限】注册商标的有效期为10年，自核准注册之日起计算。

第三十八条　【注册商标的续展】注册商标有效期满，需要继续使用的，应当在期满前6个月内申请续展注册；在此期间未能提出申请的，可

以给予6个月的宽展期。宽展期满仍未提出申请的，注销其注册商标。

每次续展注册的有效期为10年。

续展注册经核准后，予以公告。

◆ 续展注册商标有效期自该商标上一届有效期满次日起计算。(《商条例》27)

◆ 商标注册人或者利害关系人在注册商标续展宽展期内提出续展申请，未获核准前，以他人侵犯其注册商标专用权提起诉讼的，人民法院应当受理。(《商解释》5)

第三十九条 【注册商标的转让】转让注册商标的，转让人和受让人应当签订转让协议，并共同向商标局提出申请。受让人应当保证使用该注册商标的商品质量。

转让注册商标经核准后，予以公告。受让人自公告之日起享有商标专用权。

◆ 转让注册商标除必须是书面形式，除要经商标局核准外，还应符合下列实质条件：①商标注册人对其在同一种或者类似商品上注册的相同或者近似的商标应当一并转让；②受让人使用拟转让商标的商品或者服务必须与转让人核定使用该商标的商品或者服务相同；③受让人应当保证使用该商标的商品的质量。

【条文参见】《商条例》25、26

第四十条 【注册商标的使用许可】商标注册人可以通过签订商标使用许可合同，许可他人使用其注册商标。许可人应当监督被许可人使用其注册商标的商品质量。被许可人应当保证使用该注册商标的商品质量。

经许可使用他人注册商标的，必须在使用该注册商标的商品上标明被许可人的名称和商品产地。

商标使用许可合同应当报商标局备案。

◆ 本条规定的商标使用许可包括以下三类：①独占使用许可，是指商标注册人在约定的期间、地域和以约定的方式，将该注册商标仅许可一个被许可人使用，商标注册人依约定不得

135

使用该注册商标；②排他使用许可，是指商标注册人在约定的期间、地域和以约定的方式，将该注册商标仅许可一个被许可人使用，商标注册人依约定可以使用该注册商标但不得另行许可他人使用该注册商标；③普通使用许可，是指商标注册人在约定的期间、地域和以约定的方式，许可他人使用其注册商标，并可自行使用该注册商标和许可他人使用其注册商标。（《商解释》3）

◆ 许可他人使用其注册商标的，许可人应当自商标使用许可合同签订之日起3个月内将合同副本报送商标局备案（《商条例》43）。商标使用许可合同未经备案的，不影响该许可合同的效力，但当事人另有约定的除外。商标使用许可合同未在商标局备案的，不得对抗善意第三人。注册商标的转让不影响转让前已经生效的商标使用许可合同的效力，但商标使用许可合同另有约定的除外。（《商解释》19、20）

【条文参见】《商条例》43、44

第五章　注册商标争议的裁定

第四十一条　【注册不当的商标和商标争议及其裁定】已经注册的商标，违反本法第十条、第十一条、第十二条规定的，或者是以欺骗手段或者其他不正当手段取得注册的，由商标局撤销该注册商标；其他单位或者个人可以请求商标评审委员会裁定撤销该注册商标。

已经注册的商标，违反本法第十三条、第十五条、第十六条、第三十一条规定的，自商标注册之日起5年内，商标所有人或者利害关系人可以请求商标评审委员会裁定撤销该注册商标。对恶意注册的，驰名商标所有人不受5年的时间限制。

除前两款规定的情形外，对已经注册的商标有争议的，可以自该商标经核准注册之日起5年内，向商标评审委员会申请裁定。

商标评审委员会收到裁定申请后，应当通知有关当事人，并限期提出答辩。

◆ 本条第 1 款是禁止注册的绝对理由；第 2 款是禁止注册的相对理由；本条第 3 款是其他理由，其中"<u>对已经注册的商标有争议</u>"，是指在先申请注册的商标注册人认为他人在后申请注册的商标与其在同一种或者类似商品上的注册商标相同或者近似。（《商条例》29）

◆ 依照本条的规定撤销的注册商标，其商标专用权视为<u>自始即不存在</u>。有关撤销注册商标的决定或者裁定，对在撤销前人民法院作出并已执行的商标侵权案件的判决、裁定，工商行政管理部门作出并已执行的商标侵权案件的处理决定，以及已经履行的商标转让或者使用许可合同，<u>不具有追溯力</u>；但是，因商标注册人恶意给他人造成的损失，<u>应当给予赔偿</u>。（《商条例》36）

【条文参见】《商条例》28 - 34、36

第四十二条 【申请裁定的限制】对核准注册前已经提出异议并经裁定的商标，不得再以相同的事实和理由申请裁定。

◆【条文参见】《商条例》35

第四十三条 【商标评审委员会的裁定】商标评审委员会做出维持或者撤销注册商标的裁定后，应当书面通知有关当事人。

当事人对商标评审委员会的裁定不服的，可以自收到通知之日起 30 日内向人民法院起诉。人民法院应当通知商标裁定程序的对方当事人作为第三人参加诉讼。

第六章　商标使用的管理

第四十四条 【注册商标的使用管理】使用注册商标，有下列行为之一的，由商标局责令限期改正或者撤销其注册商标：

（一）自行改变注册商标的；

（二）自行改变注册商标的注册人名义、地址或者其他注册事项的；

（三）自行转让注册商标的；

（四）连续 3 年停止使用的。

◆【条文参见】《商条例》39－41

第四十五条　【对使用注册商标的商品的管理】 使用注册商标，其商品粗制滥造，以次充好，欺骗消费者的，由各级工商行政管理部门分别不同情况，责令限期改正，并可以予以通报或者处以罚款，或者由商标局撤销其注册商标。

◆依照第 44、45 条的规定被撤销的注册商标，由商标局予以公告；该注册商标专用权自商标局的撤销决定作出之日起终止。商标局、商标评审委员会撤销注册商标，撤销理由仅及于部分指定商品的，撤销在该部分指定商品上使用的商标注册。（《商条例》40、41）

◆依照本条的规定处以罚款的数额为非法经营额 20% 以下或者非法获利 2 倍以下。（《商条例》42）

【条文参见】《商条例》39－42

第四十六条　【对已被撤销或注销的商标的管理】 注册商标被撤销的或者期满不再续展的，自撤销或者注销之日起 1 年内，商标局对与该商标相同或者近似的商标注册申请，不予核准。

◆【条文参见】《商条例》48

第四十七条　【对必须使用注册商标的商品的管理】 违反本法第六条规定的，由地方工商行政管理部门责令限期申请注册，可以并处罚款。

◆依照本条的规定处以罚款的数额为非法经营额 10% 以下。（《商条例》42）

第四十八条　【未注册商标的管理】 使用未注册商标，有下列行为之一的，由地方工商行政管理部门予以制止，限期改正，并可以予以通报或者处以罚款：

（一）冒充注册商标的；

（二）违反本法第十条规定的；

138

（三）粗制滥造，以次充好，欺骗消费者的。

◈ 依照本条的规定处以罚款的数额为非法经营额 20% 以下或者非法获利 2 倍以下。（《商条例》42）

第四十九条 【撤销注册商标的复审】对商标局撤销注册商标的决定，当事人不服的，可以自收到通知之日起 15 日内向商标评审委员会申请复审，由商标评审委员会做出决定，并书面通知申请人。

当事人对商标评审委员会的决定不服的，可以自收到通知之日起 30 日内向人民法院起诉。

◈【条文参见】《商条例》28

第五十条 【对罚款决定不服的诉讼】对工商行政管理部门根据本法第四十五条、第四十七条、第四十八条的规定做出的罚款决定，当事人不服的，可以自收到通知之日起 15 日内，向人民法院起诉；期满不起诉又不履行的，由有关工商行政管理部门申请人民法院强制执行。

第七章　注册商标专用权的保护

第五十一条 【注册商标专用权的保护范围】注册商标的专用权，以核准注册的商标和核定使用的商品为限。

◈ "核准注册的商标"是指商标局核准注册的组成商标的文字、图形、数字、三维标志和颜色组合，以及上述要素的组合。"核定使用的商品"是指经商标局核准在案的具体商品。

第五十二条 【商标侵权行为】有下列行为之一的，均属侵犯注册商标专用权：

（一）未经商标注册人的许可，在同一种商品或者类似商品上使用与其注册商标相同或者近似的商标的；

（二）销售侵犯注册商标专用权的商品的；

（三）伪造、擅自制造他人注册商标标识或者销售伪造、擅自制造的注册商标标识的；

（四）未经商标注册人同意，更换其注册商标并将该更换商标的商品又投入市场的；

（五）给他人的注册商标专用权造成其他损害的。

◆ 本条第（一）项规定的类似商品，是指在功能、用途、生产部门、销售渠道、消费对象等方面相同，或者相关公众一般认为其存在特定联系、容易造成混淆的商品。类似服务，是指在服务的目的、内容、方式、对象等方面相同，或者相关公众一般认为存在特定联系、容易造成混淆的服务。商品与服务类似，是指商品和服务之间存在特定联系，容易使相关公众混淆。商标相同，是指被控侵权的商标与原告的注册商标相比较，二者在视觉上基本无差别。商标近似，是指被控侵权的商标与原告的注册商标相比较，其文字的字形、读音、含义或者图形的构图及颜色，或者其各要素组合后的整体结构相似，或者其立体形状、颜色组合近似，易使相关公众对商品的来源产生误认或者认为其来源与原告注册商标的商品有特定的联系。（《商解释》9、11）

◆ 依据本条第（一）项的规定，认定商标相同或者近似按照以下原则进行：①以相关公众的一般注意力为标准；②既要进行对商标的整体比对，又要进行对商标主要部分的比对，比对应当在比对对象隔离的状态下分别进行；③判断商标是否近似，应当考虑请求保护注册商标的显著性和知名度。认定商品或者服务是否类似，应当以相关公众对商品或者服务的一般认识综合判断。（《商解释》10、12）

◆ 有下列行为之一的，属于本条第（五）项所称侵犯注册商标专用权的行为：①在同一种或者类似商品上，将与他人注册商标相同或者近似的标志作为商品名称或者商品装潢使用，误导公众的；②故意为侵犯他人注册商标专用权行为提供仓储、运输、邮寄、隐匿等便利条件的。（《商条例》50）

◆ 下列行为属于本条第（五）项规定的给他人注册商标专用权造成其他损害的行为：①将与他人注册商标相同或者相近似的文字作为企业的字号在相同或者类似商品上突出使用，容易使相关公众产生误认的；②复制、摹仿、翻译他人注册的驰名商标或其主要部分在不相同或者不相类似商品上作为商标使用，误导公众，致使该驰名商标注册人的利益可能受到损害的；③将与他人注册商标相同或者相近似的文字注册为域名，并且通过该域名进行相关商品交易的电子商务，容易使相关公众产生误认的。（《商解释》1）

◈ 侵犯注册商标专用权的诉讼时效为2年，自商标注册人或者利害权利人知道或者应当知道侵权行为之日起计算。商标注册人或者利害关系人超过2年起诉的，如果侵权行为在起诉时仍在持续，在该注册商标专用权有效期限内，人民法院应当判决被告停止侵权行为，侵权损害赔偿数额应当自权利人向人民法院起诉之日起向前推算2年计算。（《商解释》18）

第五十三条　【商标侵权纠纷的解决】 有本法第五十二条所列侵犯注册商标专用权行为之一，引起纠纷的，由当事人协商解决；不愿协商或者协商不成的，商标注册人或者利害关系人可以向人民法院起诉，也可以请求工商行政管理部门处理。工商行政管理部门处理时，认定侵权行为成立的，责令立即停止侵权行为，没收、销毁侵权商品和专门用于制造侵权商品、伪造注册商标标识的工具，并可处以罚款。当事人对处理决定不服的，可以自收到处理通知之日起15日内依照《中华人民共和国行政诉讼法》向人民法院起诉；侵权人期满不起诉又不履行的，工商行政管理部门可以申请人民法院强制执行。进行处理的工商行政管理部门根据当事人的请求，可以就侵犯商标专用权的赔偿数额进行调解；调解不成的，当事人可以依照《中华人民共和国民事诉讼法》向人民法院起诉。

◈ 本条规定的利害关系人，包括注册商标使用许可合同的被许可人、注册商标财产权利的合法继承人等。在发生注册商标专用权被侵害时，独占使用许可合同的被许可人可以向人民法院提起诉讼；排他使用许可合同的被许可人可以和商标注册人共同起诉，也可以在商标注册人不起诉的情况下，自行提起诉讼；普通使用许可合同的被许可人经商标注册人明确授权，可以提起诉讼。（《商解释》4）

◆ 对侵犯注册商标专用权的行为，罚款数额为非法经营额 3 倍以下；非法经营额无法计算的，罚款数额为 10 万元以下。（《商条例》52）

◆ 对涉及不同侵权行为实施地的多个被告提起的共同诉讼，原告可以选择其中一个被告的侵权行为实施地人民法院管辖；仅对其中某一被告提起的诉讼，该被告侵权行为实施地的人民法院有管辖权。（《商解释》7）

第五十四条　【对侵犯注册商标专用权的查处】 对侵犯注册商标专用权的行为，工商行政管理部门有权依法查处；涉嫌犯罪的，应当及时移送司法机关依法处理。

第五十五条　【查处商标侵权行为的职权】 县级以上工商行政管理部门根据已经取得的违法嫌疑证据或者举报，对涉嫌侵犯他人注册商标专用权的行为进行查处时，可以行使下列职权：

（一）询问有关当事人，调查与侵犯他人注册商标专用权有关的情况；

（二）查阅、复制当事人与侵权活动有关的合同、发票、账簿以及其他有关资料；

（三）对当事人涉嫌从事侵犯他人注册商标专用权活动的场所实施现场检查；

（四）检查与侵权活动有关的物品；对有证据证明是侵犯他人注册商标专用权的物品，可以查封或者扣押。

工商行政管理部门依法行使前款规定的职权时，当事人应当予以协助、配合，不得拒绝、阻挠。

第五十六条　【赔偿数额】 侵犯商标专用权的赔偿数额，为侵权人在侵权期间因侵权所获得的利益，或者被侵权人在被侵权期间因被侵权所受到的损失，包括被侵权人为制止侵权行为所支付的合理开支。

前款所称侵权人因侵权所得利益，或者被侵权人因被侵权所受损失难以确定的，由人民法院根据侵权行为的情节判决给予 50 万元以下的赔偿。

销售不知道是侵犯注册商标专用权的商品，能证明该商品是自己合法取得的并说明提供者的，不承担赔偿责任。

◆ 法院依据本条第 1 款的规定确定侵权人的赔偿责任时，

可以根据权利人选择的计算方法计算赔偿数额。侵权所获得的利益，可以根据侵权商品销售量与该商品单位利润乘积计算；该商品单位利润无法查明的，按照注册商标商品的单位利润计算。因被侵权所受到的损失，可以根据权利人因侵权所造成商品销售减少量或者侵权商品销售量与该注册商标商品的单位利润乘积计算。制止侵权行为所支付的合理开支，包括权利人或者委托代理人对侵权行为进行调查、取证的合理费用。法院根据当事人的诉讼请求和案件具体情况，可以将符合国家有关部门规定的律师费用计算在赔偿范围内。(《商解释》13－15、17)

第五十七条　【临时保护措施】 商标注册人或者利害关系人有证据证明他人正在实施或者即将实施侵犯其注册商标专用权的行为，如不及时制止，将会使其合法权益受到难以弥补的损害的，可以在起诉前向人民法院申请采取责令停止有关行为和财产保全的措施。

人民法院处理前款申请，适用《中华人民共和国民事诉讼法》第九十三条至第九十六条和第九十九条的规定。

第五十八条　【证据保全】 为制止侵权行为，在证据可能灭失或者以后难以取得的情况下，商标注册人或者利害关系人可以在起诉前向人民法院申请保全证据。

人民法院接受申请后，必须在 48 小时内做出裁定；裁定采取保全措施的，应当立即开始执行。

人民法院可以责令申请人提供担保，申请人不提供担保的，驳回申请。

申请人在人民法院采取保全措施后 15 日内不起诉的，人民法院应当解除保全措施。

第五十九条　【刑事责任】 未经商标注册人许可，在同一种商品上使用与其注册商标相同的商标，构成犯罪的，除赔偿被侵权人的损失外，依法追究刑事责任。

伪造、擅自制造他人注册商标标识或者销售伪造、擅自制造的注册商标标识，构成犯罪的，除赔偿被侵权人的损失外，依法追究刑事责任。

销售明知是假冒注册商标的商品，构成犯罪的，除赔偿被侵权人的损失外，依法追究刑事责任。

第六十条 【相关工作人员的职业道德】从事商标注册、管理和复审工作的国家机关工作人员必须秉公执法，廉洁自律，忠于职守，文明服务。

商标局、商标评审委员会以及从事商标注册、管理和复审工作的国家机关工作人员不得从事商标代理业务和商品生产经营活动。

第六十一条 【工商行政管理部门的内部监督】工商行政管理部门应当建立健全内部监督制度，对负责商标注册、管理和复审工作的国家机关工作人员执行法律、行政法规和遵守纪律的情况，进行监督检查。

第六十二条 【相关工作人员的法律责任】从事商标注册、管理和复审工作的国家机关工作人员玩忽职守、滥用职权、徇私舞弊，违法办理商标注册、管理和复审事项，收受当事人财物，牟取不正当利益，构成犯罪的，依法追究刑事责任；尚不构成犯罪的，依法给予行政处分。

第八章 附 则

第六十三条 【商标规费】申请商标注册和办理其他商标事宜的，应当缴纳费用，具体收费标准另定。

第六十四条 【时间效力】本法自1983年3月1日起施行。1963年4月10日国务院公布的《商标管理条例》同时废止；其他有关商标管理的规定，凡与本法抵触的，同时失效。

本法施行前已经注册的商标继续有效。

中华人民共和国商标法
实 施 条 例

(2002 年 8 月 3 日中华人民共和国国务院令第 358 号
公布 自 2002 年 9 月 15 日起施行)

第一章 总 则

第一条 根据《中华人民共和国商标法》（以下简称商标法），制定本条例。

第二条 本条例有关商品商标的规定，适用于服务商标。

第三条 商标法和本条例所称商标的使用，包括将商标用于商品、商品包装或者容器以及商品交易文书上，或者将商标用于广告宣传、展览以及其他商业活动中。

第四条 商标法第六条所称国家规定必须使用注册商标的商品，是指法律、行政法规规定的必须使用注册商标的商品。

第五条 依照商标法和本条例的规定，在商标注册、商标评审过程中产生争议时，有关当事人认为其商标构成驰名商标的，可以相应向商标局或者商标评审委员会请求认定驰名商标，驳回违反商标法第十三条规定的商标注册申请或者撤销违反商标法第十三条规定的商标注册。有关当事人提出申请时，应当提交其商标构成驰名商标的证据材料。

商标局、商标评审委员会根据当事人的请求，在查明事实的基础上，依照商标法第十四条的规定，认定其商标是否构成驰名商标。

第六条 商标法第十六条规定的地理标志，可以依照商标法和本条例的规定，作为证明商标或者集体商标申请注册。

以地理标志作为证明商标注册的，其商品符合使用该地理标志条件的自然人、法人或者其他组织可以要求使用该证明商标，控制该证明商标的组织应当允许。以地理标志作为集体商标注册的，其商品符合使用该地理标志条件的自然人、法人或者其他组织，可以要求参加以该地理标志作为集体商标注册的团体、协会或者其他组织，该团体、协会或者其他组织应当依据其章程接纳为会员；不要求参加以该地理标志作为集体商标注册的团体、协会或者其他组织的，也可以正当使用该地理标志，该团体、协会或者其他组织无权禁止。

第七条 当事人委托商标代理组织申请商标注册或者办理其他商标事宜，应当提交代理委托书。代理委托书应当载明代理内容及权限；外国人或者外国企业的代理委托书还应当载明委托人的国籍。

外国人或者外国企业的代理委托书及与其有关的证明文件的公证、认证手续，按照对等原则办理。

商标法第十八条所称外国人或者外国企业，是指在中国没有经常居所或者营业所的外国人或者外国企业。

第八条 申请商标注册或者办理其他商标事宜，应当使用中文。

依照商标法和本条例规定提交的各种证件、证明文件和证据材料是外文的，应当附送中文译文；未附送的，视为未提交该证件、证明文件或者证据材料。

第九条 商标局、商标评审委员会工作人员有下列情形之一的，应当回避，当事人或者利害关系人可以要求其回避：

（一）是当事人或者当事人、代理人的近亲属的；

（二）与当事人、代理人有其他关系，可能影响公正的；

（三）与申请商标注册或者办理其他商标事宜有利害关系的。

第十条 除本条例另有规定的外，当事人向商标局或者商标评审委员会提交文件或者材料的日期，直接递交的，以递交日为准；邮寄的，以寄出的邮戳日为准；邮戳日不清晰或者没有邮戳的，以商标局或者商标评审委员会实际收到日为准，但是当事人能够提出实际邮戳日证据的除外。

第十一条 商标局或者商标评审委员会的各种文件，可以通过邮寄、直接递交或者其他方式送达当事人。当事人委托商标代理组织的，文件送达商标代理组织视为送达当事人。

商标局或者商标评审委员会向当事人送达各种文件的日期，邮寄的，以当事人收到的邮戳日为准；邮戳日不清晰或者没有邮戳的，自文件发出之日起满15日，视为送达当事人；直接递交的，以递交日为准。文件无

146

法邮寄或者无法直接递交的，可以通过公告方式送达当事人，自公告发布之日起满 30 日，该文件视为已经送达。

第十二条　商标国际注册依照我国加入的有关国际条约办理。具体办法由国务院工商行政管理部门规定。

第二章　商标注册的申请

第十三条　申请商标注册，应当按照公布的商品和服务分类表按类申请。每一件商标注册申请应当向商标局提交《商标注册申请书》1 份、商标图样 5 份；指定颜色的，并应当提交着色图样 5 份、黑白稿 1 份。

商标图样必须清晰、便于粘贴，用光洁耐用的纸张印制或者用照片代替，长或者宽应当不大于 10 厘米，不小于 5 厘米。

以三维标志申请注册商标的，应当在申请书中予以声明，并提交能够确定三维形状的图样。

以颜色组合申请注册商标的，应当在申请书中予以声明，并提交文字说明。

申请注册集体商标、证明商标的，应当在申请书中予以声明，并提交主体资格证明文件和使用管理规则。

商标为外文或者包含外文的，应当说明含义。

第十四条　申请商标注册的，申请人应当提交能够证明其身份的有效证件的复印件。商标注册申请人的名义应当与所提交的证件相一致。

第十五条　商品名称或者服务项目应当按照商品和服务分类表填写；商品名称或者服务项目未列入商品和服务分类表的，应当附送对该商品或者服务的说明。

商标注册申请等有关文件，应当打字或者印刷。

第十六条　共同申请注册同一商标的，应当在申请书中指定一个代表人；没有指定代表人的，以申请书中顺序排列的第一人为代表人。

第十七条　申请人变更其名义、地址、代理人，或者删减指定的商品的，可以向商标局办理变更手续。

申请人转让其商标注册申请的，应当向商标局办理转让手续。

第十八条　商标注册的申请日期，以商标局收到申请文件的日期为准。申请手续齐备并按照规定填写申请文件的，商标局予以受理并书面通知申请人；申请手续不齐备或者未按照规定填写申请文件的，商标局不予受理，书面通知申请人并说明理由。

申请手续基本齐备或者申请文件基本符合规定，但是需要补正的，商标局通知申请人予以补正，限其自收到通知之日起 30 日内，按照指定内容补正并交回商标局。在规定期限内补正并交回商标局的，保留申请日期；期满未补正的，视为放弃申请，商标局应当书面通知申请人。

第十九条 两个或者两个以上的申请人，在同一种商品或者类似商品上，分别以相同或者近似的商标在同一天申请注册的，各申请人应当自收到商标局通知之日起 30 日内提交其申请注册前在先使用该商标的证据。同日使用或者均未使用的，各申请人可以自收到商标局通知之日起 30 日内自行协商，并将书面协议报送商标局；不愿协商或者协商不成的，商标局通知各申请人以抽签的方式确定一个申请人，驳回其他人的注册申请。商标局已经通知但申请人未参加抽签的，视为放弃申请，商标局应当书面通知未参加抽签的申请人。

第二十条 依照商标法第二十四条规定要求优先权的，申请人提交的第一次提出商标注册申请文件的副本应当经受理该申请的商标主管机关证明，并注明申请日期和申请号。

依照商标法第二十五条规定要求优先权的，申请人提交的证明文件应当经国务院工商行政管理部门规定的机构认证；展出其商品的国际展览会是在中国境内举办的除外。

第三章　商标注册申请的审查

第二十一条 商标局对受理的商标注册申请，依照商标法及本条例的有关规定进行审查，对符合规定的或者在部分指定商品上使用商标的注册申请符合规定的，予以初步审定，并予以公告；对不符合规定或者在部分指定商品上使用商标的注册申请不符合规定的，予以驳回或者驳回在部分指定商品上使用商标的注册申请，书面通知申请人并说明理由。

商标局对在部分指定商品上使用商标的注册申请予以初步审定的，申请人可以在异议期满之日前，申请放弃在部分指定商品上使用商标的注册

148

申请；申请人放弃在部分指定商品上使用商标的注册申请的，商标局应当撤回原初步审定，终止审查程序，并重新公告。

第二十二条 对商标局初步审定予以公告的商标提出异议的，异议人应当向商标局提交商标异议书一式两份。商标异议书应当写明被异议商标刊登《商标公告》的期号及初步审定号。商标异议书应当有明确的请求和事实依据，并附送有关证据材料。

商标局应当将商标异议书副本及时送交被异议人，限其自收到商标异议书副本之日起 30 日内答辩。被异议人不答辩的，不影响商标局的异议裁定。

当事人需要在提出异议申请或者答辩后补充有关证据材料的，应当在申请书或者答辩书中声明，并自提交申请书或者答辩书之日起 3 个月内提交；期满未提交的，视为当事人放弃补充有关证据材料。

第二十三条 商标法第三十四条第二款所称异议成立，包括在部分指定商品上成立。异议在部分指定商品上成立的，在该部分指定商品上的商标注册申请不予核准。

被异议商标在异议裁定生效前已经刊发注册公告的，撤销原注册公告，经异议裁定核准注册的商标重新公告。

经异议裁定核准注册的商标，自该商标异议期满之日起至异议裁定生效前，对他人在同一种或者类似商品上使用与该商标相同或者近似的标志的行为不具有追溯力；但是，因该使用人的恶意给商标注册人造成的损失，应当给予赔偿。

经异议裁定核准注册的商标，对其提出评审申请的期限自该商标异议裁定公告之日起计算。

第四章 注册商标的变更、转让、续展

第二十四条 变更商标注册人名义、地址或者其他注册事项的，应当向商标局提交变更申请书。商标局核准后，发给商标注册人相应证明，并予以公告；不予核准的，应当书面通知申请人并说明理由。

变更商标注册人名义的，还应当提交有关登记机关出具的变更证明文件。未提交变更证明文件的，可以自提出申请之日起 30 日内补交；期满不提交的，视为放弃变更申请，商标局应当书面通知申请人。

变更商标注册人名义或者地址的，商标注册人应当将其全部注册商标一并变更；未一并变更的，视为放弃变更申请，商标局应当书面通知申请人。

第二十五条 转让注册商标的，转让人和受让人应当向商标局提交转让注册商标申请书。转让注册商标申请手续由受让人办理。商标局核准转让注册商标申请后，发给受让人相应证明，并予以公告。

转让注册商标的，商标注册人对其在同一种或者类似商品上注册的相同或者近似的商标，应当一并转让；未一并转让的，由商标局通知其限期改正；期满不改正的，视为放弃转让该注册商标的申请，商标局应当书面通知申请人。

对可能产生误认、混淆或者其他不良影响的转让注册商标申请，商标局不予核准，书面通知申请人并说明理由。

第二十六条 注册商标专用权因转让以外的其他事由发生移转的，接受该注册商标专用权移转的当事人应当凭有关证明文件或者法律文书到商标局办理注册商标专用权移转手续。

注册商标专用权移转的，注册商标专用权人在同一种或者类似商品上注册的相同或者近似的商标，应当一并移转；未一并移转的，由商标局通知其限期改正；期满不改正的，视为放弃该移转注册商标的申请，商标局应当书面通知申请人。

第二十七条 注册商标需要续展注册的，应当向商标局提交商标续展注册申请书。商标局核准商标注册续展申请后，发给相应证明，并予以公告。

续展注册商标有效期自该商标上一届有效期满次日起计算。

第五章　商　标　评　审

第二十八条 商标评审委员会受理依据商标法第三十二条、第三十三条、第四十一条、第四十九条的规定提出的商标评审申请。商标评审委员会根据事实，依法进行评审。

第二十九条　商标法第四十一条第三款所称对已经注册的商标有争议，是指在先申请注册的商标注册人认为他人在后申请注册的商标与其在同一种或者类似商品上的注册商标相同或者近似。

第三十条　申请商标评审，应当向商标评审委员会提交申请书，并按照对方当事人的数量提交相应份数的副本；基于商标局的决定书或者裁定书申请复审的，还应当同时附送商标局的决定书或者裁定书副本。

商标评审委员会收到申请书后，经审查，符合受理条件的，予以受理；不符合受理条件的，不予受理，书面通知申请人并说明理由；需要补正的，通知申请人自收到通知之日起 30 日内补正。经补正仍不符合规定的，商标评审委员会不予受理，书面通知申请人并说明理由；期满未补正的，视为撤回申请，商标评审委员会应当书面通知申请人。

商标评审委员会受理商标评审申请后，发现不符合受理条件的，予以驳回，书面通知申请人并说明理由。

第三十一条　商标评审委员会受理商标评审申请后，应当及时将申请书副本送交对方当事人，限其自收到申请书副本之日起 30 日内答辩；期满未答辩的，不影响商标评审委员会的评审。

第三十二条　当事人需要在提出评审申请或者答辩后补充有关证据材料的，应当在申请书或者答辩书中声明，并自提交申请书或者答辩书之日起 3 个月内提交；期满未提交的，视为放弃补充有关证据材料。

第三十三条　商标评审委员会根据当事人的请求或者实际需要，可以决定对评审申请进行公开评审。

商标评审委员会决定对评审申请进行公开评审的，应当在公开评审前 15 日书面通知当事人，告知公开评审的日期、地点和评审人员。当事人应当在通知书指定的期限内作出答复。

申请人不答复也不参加公开评审的，其评审申请视为撤回，商标评审委员会应当书面通知申请人；被申请人不答复也不参加公开评审的，商标评审委员会可以缺席评审。

第三十四条　申请人在商标评审委员会作出决定、裁定前，要求撤回申请的，经书面向商标评审委员会说明理由，可以撤回；撤回申请的，评审程序终止。

第三十五条　申请人撤回商标评审申请的，不得以相同的事实和理由再次提出评审申请；商标评审委员会对商标评审申请已经作出裁定或者决定的，任何人不得以相同的事实和理由再次提出评审申请。

第三十六条 依照商标法第四十一条的规定撤销的注册商标，其商标专用权视为自始即不存在。有关撤销注册商标的决定或者裁定，对在撤销前人民法院作出并已执行的商标侵权案件的判决、裁定，工商行政管理部门作出并已执行的商标侵权案件的处理决定，以及已经履行的商标转让或者使用许可合同，不具有追溯力；但是，因商标注册人恶意给他人造成的损失，应当给予赔偿。

第六章　商标使用的管理

第三十七条 使用注册商标，可以在商品、商品包装、说明书或者其他附着物上标明"注册商标"或者注册标记。

注册标记包括⊕和®。使用注册标记，应当标注在商标的右上角或者右下角。

第三十八条 《商标注册证》遗失或者破损的，应当向商标局申请补发。《商标注册证》遗失的，应当在《商标公告》上刊登遗失声明。破损的《商标注册证》，应当在提交补发申请时交回商标局。

伪造或者变造《商标注册证》的，依照刑法关于伪造、变造国家机关证件罪或者其他罪的规定，依法追究刑事责任。

第三十九条 有商标法第四十四条第（一）项、第（二）项、第（三）项行为之一的，由工商行政管理部门责令商标注册人限期改正；拒不改正的，报请商标局撤销其注册商标。

有商标法第四十四条第（四）项行为的，任何人可以向商标局申请撤销该注册商标，并说明有关情况。商标局应当通知商标注册人，限其自收到通知之日起2个月内提交该商标在撤销申请提出前使用的证据材料或者说明不使用的正当理由；期满不提供使用的证据材料或者证据材料无效并没有正当理由的，由商标局撤销其注册商标。

前款所称使用的证据材料，包括商标注册人使用注册商标的证据材料和商标注册人许可他人使用注册商标的证据材料。

第四十条 依照商标法第四十四条、第四十五条的规定被撤销的注册商标，由商标局予以公告；该注册商标专用权自商标局的撤销决定作出之日起终止。

第四十一条　商标局、商标评审委员会撤销注册商标，撤销理由仅及于部分指定商品的，撤销在该部分指定商品上使用的商标注册。

第四十二条　依照商标法第四十五条、第四十八条的规定处以罚款的数额为非法经营额 20% 以下或者非法获利 2 倍以下。

依照商标法第四十七条的规定处以罚款的数额为非法经营额 10% 以下。

第四十三条　许可他人使用其注册商标的，许可人应当自商标使用许可合同签订之日起 3 个月内将合同副本报送商标局备案。

第四十四条　违反商标法第四十条第二款规定的，由工商行政管理部门责令限期改正；逾期不改正的，收缴其商标标识；商标标识与商品难以分离的，一并收缴、销毁。

第四十五条　使用商标违反商标法第十三条规定的，有关当事人可以请求工商行政管理部门禁止使用。当事人提出申请时，应当提交其商标构成驰名商标的证据材料。经商标局依照商标法第十四条的规定认定为驰名商标的，由工商行政管理部门责令侵权人停止违反商标法第十三条规定使用该驰名商标的行为，收缴、销毁其商标标识；商标标识与商品难以分离的，一并收缴、销毁。

第四十六条　商标注册人申请注销其注册商标或者注销其商标在部分指定商品上的注册的，应当向商标局提交商标注销申请书，并交回原《商标注册证》。

商标注册人申请注销其注册商标或者注销其商标在部分指定商品上的注册的，该注册商标专用权或者该注册商标专用权在该部分指定商品上的效力自商标局收到其注销申请之日起终止。

第四十七条　商标注册人死亡或者终止，自死亡或者终止之日起 1 年期满，该注册商标没有办理移转手续的，任何人可以向商标局申请注销该注册商标。提出注销申请的，应当提交有关该商标注册人死亡或者终止的证据。

注册商标因商标注册人死亡或者终止而被注销的，该注册商标专用权自商标注册人死亡或者终止之日起终止。

第四十八条 注册商标被撤销或者依照本条例第四十六条、第四十七条的规定被注销的，原《商标注册证》作废；撤销该商标在部分指定商品上的注册的，或者商标注册人申请注销其商标在部分指定商品上的注册的，由商标局在原《商标注册证》上加注发还，或者重新核发《商标注册证》，并予公告。

第七章　注册商标专用权的保护

第四十九条 注册商标中含有的本商品的通用名称、图形、型号，或者直接表示商品的质量、主要原料、功能、用途、重量、数量及其他特点，或者含有地名，注册商标专用权人无权禁止他人正当使用。

第五十条 有下列行为之一的，属于商标法第五十二条第（五）项所称侵犯注册商标专用权的行为：

（一）在同一种或者类似商品上，将与他人注册商标相同或者近似的标志作为商品名称或者商品装潢使用，误导公众的；

（二）故意为侵犯他人注册商标专用权行为提供仓储、运输、邮寄、隐匿等便利条件的。

第五十一条 对侵犯注册商标专用权的行为，任何人可以向工商行政管理部门投诉或者举报。

第五十二条 对侵犯注册商标专用权的行为，罚款数额为非法经营额3倍以下；非法经营额无法计算的，罚款数额为10万元以下。

第五十三条 商标所有人认为他人将其驰名商标作为企业名称登记，可能欺骗公众或者对公众造成误解的，可以向企业名称登记主管机关申请撤销该企业名称登记。企业名称登记主管机关应当依照《企业名称登记管理规定》处理。

第八章　附　　则

第五十四条 连续使用至1993年7月1日的服务商标，与他人在相同或者类似的服务上已注册的服务商标相同或者近似的，可以继续使用；但是，1993年7月1日后中断使用3年以上的，不得继续使用。

第五十五条 商标代理的具体管理办法由国务院另行规定。

第五十六条 商标注册用商品和服务分类表，由国务院工商行政管理部门制定并公布。

申请商标注册或者办理其他商标事宜的文件格式，由国务院工商行政管理部门制定并公布。

商标评审委员会的评审规则由国务院工商行政管理部门制定并公布。

第五十七条 商标局设置《商标注册簿》，记载注册商标及有关注册事项。

商标局编印发行《商标公告》，刊登商标注册及其他有关事项。

第五十八条 申请商标注册或者办理其他商标事宜，应当缴纳费用。缴纳费用的项目和标准，由国务院工商行政管理部门会同国务院价格主管部门规定并公布。

第五十九条 本条例自 2002 年 9 月 15 日起施行。1983 年 3 月 10 日国务院发布、1988 年 1 月 3 日国务院批准第一次修订、1993 年 7 月 15 日国务院批准第二次修订的《中华人民共和国商标法实施细则》和 1995 年 4 月 23 日《国务院关于办理商标注册附送证件问题的批复》同时废止。

驰名商标认定和保护规定

（2003 年 4 月 17 日国家工商行政管理总局令第 5 号

公布　自 2003 年 6 月 1 日起施行）

第一条　根据《中华人民共和国商标法》（以下简称商标法）、《中华人民共和国商标法实施条例》（以下简称实施条例），制定本规定。

第二条　本规定中的驰名商标是指在中国为相关公众广为知晓并享有较高声誉的商标。

相关公众包括与使用商标所标示的某类商品或者服务有关的消费者，生产前述商品或者提供服务的其他经营者以及经销渠道中所涉及的销售者和相关人员等。

第三条　以下材料可以作为证明商标驰名的证据材料：

（一）证明相关公众对该商标知晓程度的有关材料；

（二）证明该商标使用持续时间的有关材料，包括该商标使用、注册的历史和范围的有关材料；

（三）证明该商标的任何宣传工作的持续时间、程度和地理范围的有关材料，包括广告宣传和促销活动的方式、地域范围、宣传媒体的种类以及广告投放量等有关材料；

（四）证明该商标作为驰名商标受保护记录的有关材料，包括该商标曾在中国或者其他国家和地区作为驰名商标受保护的有关材料；

（五）证明该商标驰名的其他证据材料，包括使用该商标的主要商品近三年的产量、销售量、销售收入、利税、销售区域等有关材料。

第四条　当事人认为他人经初步审定并公告的商标违反商标法第十三条规定的，可以依据商标法及其实施条例的规定向商标局提出异议，并提交证明其商标驰名的有关材料。

当事人认为他人已经注册的商标违反商标法第十三条规定的，可以依据商标法及其实施条例的规定向商标评审委员会请求裁定撤销该注册商标，并提交证明其商标驰名的有关材料。

第五条　在商标管理工作中，当事人认为他人使用的商标属于商标法第十三条规定的情形，请求保护其驰名商标的，可以向案件发生地的市（地、州）以上工商行政管理部门提出禁止使用的书面请求，并提交证明其商标驰名的有关材料。同时，抄报其所在地省级工商行政管理部门。

第六条　工商行政管理部门在商标管理工作中收到保护驰名商标的申请后，应当对案件是否属于商标法第十三条规定的下列情形进行审查：

（一）他人在相同或者类似商品上擅自使用与当事人未在中国注册的驰名商标相同或者近似的商标，容易导致混淆的；

（二）他人在不相同或者不类似的商品上擅自使用与当事人已经在中国注册的驰名商标相同或者近似的商标，容易误导公众，致使该驰名商标注册人的利益可能受到损害的。

对认为属于上述情形的案件，市（地、州）工商行政管理部门应当自受理当事人请求之日起 15 个工作日内，将全部案件材料报送所在地省（自治区、直辖市）工商行政管理部门，并向当事人出具受理案件通知书；省（自治区、直辖市）工商行政管理部门应当自受理当事人请求之日起 15 个工作日内，将全部案件材料报送商标局。当事人所在地省级工商行政管理部门认为所发生的案件属于上述情形的，也可以报送商标局。

对认为不属于上述情形的案件，应当依据商标法及实施条例的有关规定及时作出处理。

第七条　省（自治区、直辖市）工商行政管理部门应当对本辖区内市（地、州）工商行政管理部门报送的有关驰名商标保护的案件材料进行审查。

对认为属于本规定第六条第一款情形的案件，应当自收到本辖区内市（地、州）工商行政管理部门报送的案件材料之日起 15 个工作日内报送商标局。

对认为不属于本规定第六条第一款情形的案件，应当将有关材料退回原受案机关，由其依据商标法及实施条例的有关规定及时作出处理。

第八条　商标局应当自收到有关案件材料之日起 6 个月内作出认定，并将认定结果通知案件发生地的省（自治区、直辖市）工商行政管理部门，抄送当事人所在地的省（自治区、直辖市）工商行政管理部门。

除有关证明商标驰名的材料外，商标局应当将其他案件材料退回案件发生地所在省（自治区、直辖市）工商行政管理部门。

第九条　未被认定为驰名商标的，自认定结果作出之日起一年内，当事人不得以同一商标就相同事实和理由再次提出认定请求。

　　第十条　商标局、商标评审委员会在认定驰名商标时，应当综合考虑商标法第十四条规定的各项因素，但不以该商标必须满足该条规定的全部因素为前提。

　　第十一条　商标局、商标评审委员会以及地方工商行政管理部门在保护驰名商标时，应当考虑该商标的显著性和驰名程度。

　　第十二条　当事人要求依据商标法第十三条对其商标予以保护时，可以提供该商标曾被我国有关主管机关作为驰名商标予以保护的记录。

　　所受理的案件与已被作为驰名商标予以保护的案件的保护范围基本相同，且对方当事人对该商标驰名无异议，或者虽有异议，但不能提供该商标不驰名的证据材料的，受理案件的工商行政管理部门可以依据该保护记录的结论，对案件作出裁定或者处理。

　　所受理的案件与已被作为驰名商标予以保护的案件的保护范围不同，或者对方当事人对该商标驰名有异议，且提供该商标不驰名的证据材料的，应当由商标局或者商标评审委员会对该驰名商标材料重新进行审查并作出认定。

　　第十三条　当事人认为他人将其驰名商标作为企业名称登记，可能欺骗公众或者对公众造成误解的，可以向企业名称登记主管机关申请撤销该企业名称登记，企业名称登记主管机关应当依照《企业名称登记管理规定》处理。

　　第十四条　各级工商行政管理部门应当对驰名商标加强保护，对涉嫌假冒商标犯罪的案件，应当及时向有关部门移送。

　　第十五条　保护驰名商标的处理决定，处理机关所在省（自治区、直辖市）工商行政管理部门应当抄报商标局。

　　第十六条　各级工商行政管理部门要建立相应的监督机制，制定相应的监督制约措施，加强对驰名商标认定工作全过程的监督检查。

　　参与驰名商标认定工作的有关人员，滥用职权、徇私舞弊、牟取不正当利益，违法办理驰名商标认定有关事项，依法给予行政处分；构成犯罪的，依法追究刑事责任。

　　第十七条　本规定自 2003 年 6 月 1 日起施行。1996 年 8 月 14 日国家工商行政管理局颁布的《驰名商标认定和管理暂行规定》同时废止。

最高人民法院关于审理商标民事纠纷案件适用法律若干问题的解释

(2002 年 10 月 12 日最高人民法院审判委员会第 1246 次
会议通过　法释〔2002〕32 号　自 2002 年 10 月 16 日起施行)

为了正确审理商标纠纷案件，根据《中华人民共和国民法通则》、《中华人民共和国合同法》、《中华人民共和国商标法》、《中华人民共和国民事诉讼法》等法律的规定，就适用法律若干问题解释如下：

第一条　下列行为属于商标法第五十二条第（五）项规定的给他人注册商标专用权造成其他损害的行为：

（一）将与他人注册商标相同或者相近似的文字作为企业的字号在相同或者类似商品上突出使用，容易使相关公众产生误认的；

（二）复制、摹仿、翻译他人注册的驰名商标或其主要部分在不相同或者不相类似商品上作为商标使用，误导公众，致使该驰名商标注册人的利益可能受到损害的；

（三）将与他人注册商标相同或者相近似的文字注册为域名，并且通过该域名进行相关商品交易的电子商务，容易使相关公众产生误认的。

第二条　依据商标法第十三条第一款的规定，复制、摹仿、翻译他人未在中国注册的驰名商标或其主要部分，在相同或者类似商品上作为商标使用，容易导致混淆的，应当承担停止侵害的民事法律责任。

第三条　商标法第四十条规定的商标使用许可包括以下三类：

（一）独占使用许可，是指商标注册人在约定的期间、地域和以约定的方式，将该注册商标仅许可一个被许可人使用，商标注册人依约定不得使用该注册商标；

（二）排他使用许可，是指商标注册人在约定的期间、地域和以约定的方式，将该注册商标仅许可一个被许可人使用，商标注册人依约定可以使用该注册商标但不得另行许可他人使用该注册商标；

159

（三）普通使用许可，是指商标注册人在约定的期间、地域和以约定的方式，许可他人使用其注册商标，并可自行使用该注册商标和许可他人使用其注册商标。

第四条 商标法第五十三条规定的利害关系人，包括注册商标使用许可合同的被许可人、注册商标财产权利的合法继承人等。

在发生注册商标专用权被侵害时，独占使用许可合同的被许可人可以向人民法院提起诉讼；排他使用许可合同的被许可人可以和商标注册人共同起诉，也可以在商标注册人不起诉的情况下，自行提起诉讼；普通使用许可合同的被许可人经商标注册人明确授权，可以提起诉讼。

第五条 商标注册人或者利害关系人在注册商标续展宽展期内提出续展申请，未获核准前，以他人侵犯其注册商标专用权提起诉讼的，人民法院应当受理。

第六条 因侵犯注册商标专用权行为提起的民事诉讼，由商标法第十三条、第五十二条所规定侵权行为的实施地、侵权商品的储藏地或者查封扣押地、被告住所地人民法院管辖。

前款规定的侵权商品的储藏地，是指大量或者经常性储存、隐匿侵权商品所在地；查封扣押地，是指海关、工商等行政机关依法查封、扣押侵权商品所在地。

第七条 对涉及不同侵权行为实施地的多个被告提起的共同诉讼，原告可以选择其中一个被告的侵权行为实施地人民法院管辖；仅对其中某一被告提起的诉讼，该被告侵权行为实施地的人民法院有管辖权。

第八条 商标法所称相关公众，是指与商标所标识的某类商品或者服务有关的消费者和与前述商品或者服务的营销有密切关系的其他经营者。

第九条 商标法第五十二条第（一）项规定的商标相同，是指被控侵权的商标与原告的注册商标相比较，二者在视觉上基本无差别。

商标法第五十二条第（一）项规定的商标近似，是指被控侵权的商标与原告的注册商标相比较，其文字的字形、读音、含义或者图形的构图及颜色，或者其各要素组合后的整体结构相似，或者其立体形状、颜色组合近似，易使相关公众对商品的来源产生误认或者认为其来源与原告注册商标的商品有特定的联系。

第十条 人民法院依据商标法第五十二条第（一）项的规定，认定商标相同或者近似按照以下原则进行：

（一）以相关公众的一般注意力为标准；

（二）既要进行对商标的整体比对，又要进行对商标主要部分的比对，比对应当在比对对象隔离的状态下分别进行；

（三）判断商标是否近似，应当考虑请求保护注册商标的显著性和知名度。

第十一条 商标法第五十二条第（一）项规定的类似商品，是指在功能、用途、生产部门、销售渠道、消费对象等方面相同，或者相关公众一般认为其存在特定联系、容易造成混淆的商品。

类似服务，是指在服务的目的、内容、方式、对象等方面相同，或者相关公众一般认为存在特定联系、容易造成混淆的服务。

商品与服务类似，是指商品和服务之间存在特定联系，容易使相关公众混淆。

第十二条 人民法院依据商标法第五十二条第（一）项的规定，认定商品或者服务是否类似，应当以相关公众对商品或者服务的一般认识综合判断；《商标注册用商品和服务国际分类表》、《类似商品和服务区分表》可以作为判断类似商品或者服务的参考。

第十三条 人民法院依据商标法第五十六条第一款的规定确定侵权人的赔偿责任时，可以根据权利人选择的计算方法计算赔偿数额。

第十四条 商标法第五十六条第一款规定的侵权所获得的利益，可以根据侵权商品销售量与该商品单位利润乘积计算；该商品单位利润无法查明的，按照注册商标商品的单位利润计算。

第十五条 商标法第五十六条第一款规定的因被侵权所受到的损失，可以根据权利人因侵权所造成商品销售减少量或者侵权商品销售量与该注册商标商品的单位利润乘积计算。

第十六条 侵权人因侵权所获得的利益或者被侵权人因被侵权所受到的损失均难以确定的，人民法院可以根据当事人的请求或者依职权适用商标法第五十六条第二款的规定确定赔偿数额。

人民法院在确定赔偿数额时，应当考虑侵权行为的性质、期间、后果，商标的声誉，商标使用许可费的数额，商标使用许可的种类、时间、范围及制止侵权行为的合理开支等因素综合确定。

当事人按照本条第一款的规定就赔偿数额达成协议的，应当准许。

第十七条　商标法第五十六条第一款规定的制止侵权行为所支付的合理开支，包括权利人或者委托代理人对侵权行为进行调查、取证的合理费用。

人民法院根据当事人的诉讼请求和案件具体情况，可以将符合国家有关部门规定的律师费用计算在赔偿范围内。

第十八条　侵犯注册商标专用权的诉讼时效为二年，自商标注册人或者利害权利人知道或者应当知道侵权行为之日起计算。商标注册人或者利害关系人超过二年起诉的，如果侵权行为在起诉时仍在持续，在该注册商标专用权有效期限内，人民法院应当判决被告停止侵权行为，侵权损害赔偿数额应当自权利人向人民法院起诉之日起向前推算二年计算。

第十九条　商标使用许可合同未经备案的，不影响该许可合同的效力，但当事人另有约定的除外。

商标使用许可合同未在商标局备案的，不得对抗善意第三人。

第二十条　注册商标的转让不影响转让前已经生效的商标使用许可合同的效力，但商标使用许可合同另有约定的除外。

第二十一条　人民法院在审理侵犯注册商标专用权纠纷案件中，依据民法通则第一百三十四条、商标法第五十三条的规定和案件具体情况，可以判决侵权人承担停止侵害、排除妨碍、消除危险、赔偿损失、消除影响等民事责任，还可以作出罚款，收缴侵权商品、伪造的商标标识和专门用于生产侵权商品的材料、工具、设备等财物的民事制裁决定。罚款数额可以参照《中华人民共和国商标法实施条例》的有关规定确定。

工商行政管理部门对同一侵犯注册商标专用权行为已经给予行政处罚的，人民法院不再予以民事制裁。

第二十二条　人民法院在审理商标纠纷案件中，根据当事人的请求和案件的具体情况，可以对涉及的注册商标是否驰名依法作出认定。

认定驰名商标，应当依照商标法第十四条的规定进行。

当事人对曾经被行政主管机关或者人民法院认定的驰名商标请求保护的，对方当事人对涉及的商标驰名不持异议，人民法院不再审查。提出异议的，人民法院依照商标法第十四条的规定审查。

第二十三条　本解释有关商品商标的规定，适用于服务商标。

第二十四条　以前的有关规定与本解释不一致的，以本解释为准。

中华人民共和国植物
新品种保护条例

(1997 年 3 月 20 日　国务院令第 213 号)

第一章　总　则

第一条　为了保护植物新品种权，鼓励培育和使用植物新品种，促进农业、林业的发展，制定本条例。

第二条　本条例所称植物新品种，是指经过人工培育的或者对发现的野生植物加以开发，具备新颖性、特异性、一致性和稳定性并有适当命名的植物品种。

◈植物新品种包括：①人工培育的植物品种，即通过生物学或者非生物学的方法培育的植物品种；②从自然发现并加以开发的野生植物。植物新品种分为农业植物新品种和林业植物新品种。能够获得本条例保护的植物品种必须是属于国家植物品种保护名录中所列举的植物的属或种。危害公共利益、生态环境的植物新品种不能获得保护。

第三条　国务院农业、林业行政部门（以下统称审批机关）按照职责分工共同负责植物新品种权申请的受理和审查并对符合本条例规定的植物新品种授予植物新品种权（以下称品种权）。

第四条　完成关系国家利益或者公共利益并有重大应用价值的植物新品种育种的单位或者个人，由县级以上人民政府或者有关部门给予奖励。

第五条　生产、销售和推广被授予品种权的植物新品种（以下称授权品种），应当按照国家有关种子的法律、法规的规定审定。

第二章　品种权的内容和归属

第六条　完成育种的单位或者个人对其授权品种，享有排他的独占权。任何单位或者个人未经品种权所有人（以下称品种权人）许可，不得为商业目的生产或者销售该授权品种的繁殖材料，不得为商业目的将该授权品种的繁殖材料重复使用于生产另一品种的繁殖材料；但是，本条例另有规定的除外。

◆繁殖材料，是指整株植物（包括苗木）、种子（包括根、茎、叶、花、果实等）以及构成植物体的任何部分（包括组织、细胞）。

第七条　执行本单位的任务或者主要是利用本单位的物质条件所完成的职务育种，植物新品种的申请权属于该单位；非职务育种，植物新品种的申请权属于完成育种的个人。申请被批准后，品种权属于申请人。

委托育种或者合作育种，品种权的归属由当事人在合同中约定；没有合同约定的，品种权属于受委托完成或者共同完成育种的单位或者个人。

◆本条所称的职务育种是指：①在本职工作中完成的育种；②履行本单位分配的本职工作之外的任务所完成的育种；③离开原单位后3年内完成的与其在原单位承担的本职工作或者分配的任务有关的育种；④利用本单位的资金、仪器设备、试验场地、育种资源和其他繁殖材料及不对外公开的技术资料等所完成的育种。除此之外，为非职务育种。

第八条　一个植物新品种只能授予一项品种权。两个以上的申请人分别就同一个植物新品种申请品种权的，品种权授予最先申请的人；同时申请的，品种权授予最先完成该植物新品种育种的人。

第九条　植物新品种的申请权和品种权可以依法转让。

中国的单位或者个人就其在国内培育的植物新品种向外国人转让申请权或者品种权的，应当经审批机关批准。

国有单位在国内转让申请权或者品种权的，应当按照国家有关规定报经有关行政主管部门批准。

转让申请权或者品种权的，当事人应当订立书面合同，并向审批机关登记，由审批机关予以公告。

第十条　在下列情况下使用授权品种的，可以不经品种权人许可，不向其支付使用费，但是不得侵犯品种权人依照本条例享有的其他权利：

（一）利用授权品种进行育种及其他科研活动；

（二）农民自繁自用授权品种的繁殖材料。

第十一条 为了国家利益或者公共利益，审批机关可以作出实施植物新品种强制许可的决定，并予以登记和公告。

取得实施强制许可的单位或者个人应当付给品种权人合理的使用费，其数额由双方商定；双方不能达成协议的，由审批机关裁决。

品种权人对强制许可决定或者强制许可使用费的裁决不服的，可以自收到通知之日起 3 个月内向人民法院提起诉讼。

第十二条 不论授权品种的保护期是否届满，销售该授权品种应当使用其注册登记的名称。

第三章　授予品种权的条件

第十三条 申请品种权的植物新品种应当属于国家植物品种保护名录中列举的植物的属或种。植物品种保护名录由审批机关确定和公布。

第十四条 授予品种权的植物新品种应当具备新颖性。新颖性，是指申请品种权的植物新品种在申请日前该品种繁殖材料未被销售，或者经育种者许可，在中国境内销售该品种繁殖材料未超过 1 年；在中国境外销售藤本植物、林木、果树和观赏树木品种繁殖材料未超过 6 年，销售其他植物品种繁殖材料未超过 4 年。

◆申请品种权的植物新品种需要具有新颖性。判断新颖性以申请日时间为标准，即审批机关收到品种权申请文件之日；如果申请文件是邮寄的，以寄出的邮戳日为申请日；有优先权的，以优先权日为申请日。根据本条规定，我国目前采用的是相对新颖性。

第十五条 授予品种权的植物新品种应当具备特异性。特异性，是指申请品种权的植物新品种应当明显区别于在递交申请以前已知的植物品种。

第十六条 授予品种权的植物新品种应当具备一致性。一致性，是指申请品种权的植物新品种经过繁殖，除可以预见的变异外，其相关的特征或者

165

特性一致。

第十七条 授予品种权的植物新品种应当具备稳定性。稳定性，是指申请品种权的植物新品种经过反复繁殖后或者在特定繁殖周期结束时，其相关的特征或者特性保持不变。

第十八条 授予品种权的植物新品种应当具备适当的名称，并与相同或者相近的植物属或者种中已知品种的名称相区别。该名称经注册登记后即为该植物新品种的通用名称。

下列名称不得用于品种命名：

（一）仅以数字组成的；

（二）违反社会公德的；

（三）对植物新品种的特征、特性或者育种者的身份等容易引起误解的。

◢除本条规定以外，有下列情形之一的，不得用于植物新品种命名：①违反国家法律、行政法规规定或者带有民族歧视性的；②以国家名称命名的；③以县级以上行政区划的地名或者公众知晓的外国地名命名的；④同政府间国际组织或者其他国际知名组织的标识名称相同或者近似的；⑤属于相同或者相近植物属或者种的已知名称的。

第四章 品种权的申请和受理

第十九条 中国的单位和个人申请品种权的，可以直接或者委托代理机构向审批机关提出申请。

中国的单位和个人申请品种权的植物新品种涉及国家安全或者重大利益需要保密的，应当按照国家有关规定办理。

第二十条 外国人、外国企业或者外国其他组织在中国申请品种权的，应当按其所属国和中华人民共和国签订的协议或者共同参加的国际条约办理，或者根据互惠原则，依照本条例办理。

第二十一条 申请品种权的，应当向审批机关提交符合规定格式要求的请求书、说明书和该品种的照片。

申请文件应当使用中文书写。

第二十二条 审批机关收到品种权申请文件之日为申请日；申请文件是邮寄的，以寄出的邮戳日为申请日。

第二十三条 申请人自在外国第一次提出品种权申请之日起12个月内，又在中国就该植物新品种提出品种权申请的，依照该外国同中华人民共和国签订的协议或者共同参加的国际条约，或者根据相互承认优先权的原则，可以享有优先权。

申请人要求优先权的，应当在申请时提出书面说明，并在3个月内提交经原受理机关确认的第一次提出的品种权申请文件的副本；未依照本条例规定提出书面说明或者提交申请文件副本的，视为未要求优先权。

第二十四条 对符合本条例第二十一条规定的品种权申请，审批机关应当予以受理，明确申请日、给予申请号，并自收到申请之日起1个月内通知申请人缴纳申请费。

对不符合或者经修改仍不符合本条例第二十一条规定的品种权申请，审批机关不予受理，并通知申请人。

第二十五条 申请人可以在品种权授予前修改或者撤回品种权申请。

第二十六条 中国的单位或者个人将国内培育的植物新品种向国外申请品种权的，应当向审批机关登记。

第五章 品种权的审查
与批准

第二十七条 申请人缴纳申请费后，审批机关对品种权申请的下列内容进行初步审查：

（一）是否属于植物品种保护名录列举的植物属或者种的范围；

（二）是否符合本条例第二十条的规定；

（三）是否符合新颖性的规定；

（四）植物新品种的命名是否适当。

第二十八条 审批机关应当自受理品种权申请之日起6个月内完成初步审查。对经初步审查合格的品种权申请，审批机关予以公告，并通知申请人在3个月内缴纳审查费。

对经初步审查不合格的品种权申请，审批机关应当通知申请人在3个月内陈述意见或者予以修正；逾期未答复或者修正后仍然不合格的，驳回申请。

第二十九条 申请人按照规定缴纳审查费后，审批机关对品种权申请的特异性、一致性和稳定性进行实质审查。

申请人未按照规定缴纳审查费的，品种权申请视为撤回。

第三十条 审批机关主要依据申请文件和其他有关书面材料进行实质审查。审批机关认为必要时，可以委托指定的测试机构进行测试或者考察业已完成的种植或者其他试验的结果。

因审查需要，申请人应当根据审批机关的要求提供必要的资料和该植物新品种的繁殖材料。

第三十一条 对经实质审查符合本条例规定的品种权申请，审批机关应当作出授予品种权的决定，颁发品种权证书，并予以登记和公告。

对经实质审查不符合本条例规定的品种权申请，审批机关予以驳回，并通知申请人。

第三十二条 审批机关设立植物新品种复审委员会。

对审批机关驳回品种权申请的决定不服的，申请人可以自收到通知之日起3个月内，向植物新品种复审委员会请求复审。植物新品种复审委员会应当自收到复审请求书之日起6个月内作出决定，并通知申请人。

申请人对植物新品种复审委员会的决定不服的，可以自接到通知之日起15日内向人民法院提起诉讼。

第三十三条 品种权被授予后，在自初步审查合格公告之日起至被授予品种权之日止的期间，对未经申请人许可，为商业目的生产或者销售该授权品种的繁殖材料的单位和个人，品种权人享有追偿的权利。

第六章　期限、终止和无效

第三十四条 品种权的保护期限，自授权之日起，藤本植物、林木、果树和观赏树木为20年，其他植物为15年。

第三十五条 品种权人应当自被授予品种权的当年开始缴纳年费，并且按照审批机关的要求提供用于检测的该授权品种的繁殖材料。

第三十六条 有下列情形之一的,品种权在其保护期限届满前终止:

(一)品种权人以书面声明放弃品种权的;

(二)品种权人未按照规定缴纳年费的;

(三)品种权人未按照审批机关的要求提供检测所需的该授权品种的繁殖材料的;

(四)经检测该授权品种不再符合被授予品种权时的特征和特性的。

品种权的终止,由审批机关登记和公告。

第三十七条 自审批机关公告授予品种权之日起,植物新品种复审委员会可以依据职权或者依据任何单位或者个人的书面请求,对不符合本条例第十四条、第十五条、第十六条和第十七条规定的,宣告品种权无效;对不符合本条例第十八条规定的,予以更名。宣告品种权无效或者更名的决定,由审批机关登记和公告,并通知当事人。

对植物新品种复审委员会的决定不服的,可以自收到通知之日起3个月内向人民法院提起诉讼。

第三十八条 被宣告无效的品种权视为自始不存在。

宣告品种权无效的决定,对在宣告前人民法院作出并已执行的植物新品种侵权的判决、裁定,省级以上人民政府农业、林业行政部门作出并已执行的植物新品种侵权处理决定,以及已经履行的植物新品种实施许可合同和植物新品种权转让合同,不具有追溯力;但是,因品种权人的恶意给他人造成损失的,应当给予合理赔偿。

依照前款规定,品种权人或者品种权转让人不向被许可实施人或者受让人返还使用费或者转让费,明显违反公平原则的,品种权人或者品种权转让人应当向被许可实施人或者受让人返还全部或者部分使用费或者转让费。

第七章 罚 则

第三十九条 未经品种权人许可,以商业目的生产或者销售授权品种的繁殖材料的,品种权人或者利害关系人可以请求省级以上人民政府农业、林业行政部门依据各自的职权进行处理,也可以直接向人民法院提起诉讼。

省级以上人民政府农业、林业行政部门依据各自的职权，根据当事人自愿的原则，对侵权所造成的损害赔偿可以进行调解。调解达成协议的，当事人应当履行；调解未达成协议的，品种权人或者利害关系人可以依照民事诉讼程序向人民法院提起诉讼。

省级以上人民政府农业、林业行政部门依据各自的职权处理品种权侵权案件时，为维护社会公共利益，可以责令侵权人停止侵权行为，没收违法所得，可以并处违法所得5倍以下的罚款。

第四十条　假冒授权品种的，由县级以上人民政府农业、林业行政部门依据各自的职权责令停止假冒行为，没收违法所得和植物品种繁殖材料，并处违法所得1倍以上5倍以下的罚款；情节严重，构成犯罪的，依法追究刑事责任。

第四十一条　省级以上人民政府农业、林业行政部门依据各自的职权在查处品种权侵权案件和县级以上人民政府农业、林业行政部门依据各自的职权在查处假冒授权品种案件时，根据需要，可以封存或者扣押与案件有关的植物品种的繁殖材料，查阅、复制或者封存与案件有关的合同、账册及有关文件。

第四十二条　销售授权品种未使用其注册登记的名称的，由县级以上人民政府农业、林业行政部门依据各自的职权责令限期改正，可以处1000元以下的罚款。

第四十三条　当事人就植物新品种的申请权和品种权的权属发生争议的，可以向人民法院提起诉讼。

第四十四条　县级以上人民政府农业、林业行政部门及有关部门的工作人员滥用职权、玩忽职守、徇私舞弊、索贿受贿，构成犯罪的，依法追究刑事责任；尚不构成犯罪的，依法给予行政处分。

第八章　附　　则

第四十五条　审批机关可以对本条例施行前首批列入植物品种保护名录的和本条例施行后新列入植物品种保护名录的植物属或者种的新颖性要求作出变通性规定。

第四十六条　本条例自1997年10月1日起施行。

集成电路布图设计保护条例

(2001 年 4 月 2 日　国务院令第 300 号)

第一章　总　　则

第一条　为了保护集成电路布图设计专有权，鼓励集成电路技术的创新，促进科学技术的发展，制定本条例。

第二条　本条例下列用语的含义：

（一）集成电路，是指半导体集成电路，即以半导体材料为基片，将至少有一个是有源元件的两个以上元件和部分或者全部互连线路集成在基片之中或者基片之上，以执行某种电子功能的中间产品或者最终产品；

（二）集成电路布图设计（以下简称布图设计），是指集成电路中至少有一个是有源元件的两个以上元件和部分或者全部互连线路的三维配置，或者为制造集成电路而准备的上述三维配置；

（三）布图设计权利人，是指依照本条例的规定，对布图设计享有专有权的自然人、法人或者其他组织；

（四）复制，是指重复制作布图设计或者含有该布图设计的集成电路的行为；

（五）商业利用，是指为商业目的进口、销售或者以其他方式提供受保护的布图设计、含有该布图设计的集成电路或者含有该集成电路的物品的行为。

第三条　中国自然人、法人或者其他组织创作的布图设计，依照本条例享有布图设计专有权。

外国人创作的布图设计首先在中国境内投入商业利用的，依照本条例享有布图设计专有权。

外国人创作的布图设计，其创作者所属国同中国签订有关布图设计保护协议或者与中国共同参加有关布图设计保护国际条约的，依照本条例享有布图设计专有权。

第四条 受保护的布图设计应当具有独创性，即该布图设计是创作者自己的智力劳动成果，并且在其创作时该布图设计在布图设计创作者和集成电路制造者中不是公认的常规设计。

受保护的由常规设计组成的布图设计，其组合作为整体应当符合前款规定的条件。

◆ 本条例对"独创性"的界定与著作权法有一定差别。著作权法所要求的独创性主要强调作品是否为作者独立创作完成，但并不考虑作品的创作水平或者高度；而布图设计所要求的独创性，不仅要求主张专有权的布图设计是创作者自己的智力创作成果，而且要求布图设计具有一定的**先进性**，即主张专有权的布图设计在被创作完成时在相关行业中具有一定的先进性，不是常用的、显而易见的或者为人所熟知的。

◆ 注意对独创性判断的时间标准是<u>设计者设计之时</u>，而非登记之日，这与专利权对新颖性和创造性判断的标准是不同的。

第五条 本条例对布图设计的保护，不延及思想、处理过程、操作方法或者数学概念等。

第六条 国务院知识产权行政部门依照本条例的规定，负责布图设计专有权的有关管理工作。

第二章 布图设计专有权

第七条 布图设计权利人享有下列专有权：

（一）对受保护的布图设计的全部或者其中任何具有独创性的部分进行复制；

（二）将受保护的布图设计、含有该布图设计的集成电路或者含有该集成电路的物品投入商业利用。

第八条 布图设计专有权经国务院知识产权行政部门登记产生。

未经登记的布图设计不受本条例保护。

第九条 布图设计专有权属于布图设计创作者，本条例另有规定的除外。

由法人或者其他组织主持，依据法人或者其他组织的意志而创作，并由法人或者其他组织承担责任的布图设计，该法人或者其他组织是创作者。

由自然人创作的布图设计，该自然人是创作者。

第十条 两个以上自然人、法人或者其他组织合作创作的布图设计，其专有权的归属由合作者约定；未作约定或者约定不明的，其专有权由合作者共同享有。

◆涉及共有的布图设计专有权的，每一个共同布图设计权利人在没有征得其他共同布图设计权利人同意的情况下，不得将其所持有的那一部分权利进行转让、出质或者与他人订立独占许可合同或者排他许可合同。

第十一条 受委托创作的布图设计，其专有权的归属由委托人和受托人双方约定；未作约定或者约定不明的，其专有权由受托人享有。

第十二条 布图设计专有权的保护期为10年，自布图设计登记申请之日或者在世界任何地方首次投入商业利用之日起计算，以较前日期为准。但是，无论是否登记或者投入商业利用，布图设计自创作完成之日起15年后，不再受本条例保护。

第十三条 布图设计专有权属于自然人的，该自然人死亡后，其专有权在本条例规定的保护期内依照继承法的规定转移。

布图设计专有权属于法人或者其他组织的，法人或者其他组织变更、终止后，其专有权在本条例规定的保护期内由承继其权利、义务的法人或者其他组织享有；没有承继其权利、义务的法人或者其他组织的，该布图设计进入公有领域。

第三章　布图设计的登记

第十四条 国务院知识产权行政部门负责布图设计登记工作，受理布图设计登记申请。

第十五条 申请登记的布图设计涉及国家安全或者重大利益，需要保密的，按照国家有关规定办理。

第十六条　申请布图设计登记，应当提交：

（一）布图设计登记申请表；

（二）布图设计的复制件或者图样；

（三）布图设计已投入商业利用的，提交含有该布图设计的集成电路样品；

（四）国务院知识产权行政部门规定的其他材料。

第十七条　布图设计自其在世界任何地方首次商业利用之日起2年内，未向国务院知识产权行政部门提出登记申请的，国务院知识产权行政部门不再予以登记。

第十八条　布图设计登记申请经初步审查，未发现驳回理由的，由国务院知识产权行政部门予以登记，发给登记证明文件，并予以公告。

第十九条　布图设计登记申请人对国务院知识产权行政部门驳回其登记申请的决定不服的，可以自收到通知之日起3个月内，向国务院知识产权行政部门请求复审。国务院知识产权行政部门复审后，作出决定，并通知布图设计登记申请人。布图设计登记申请人对国务院知识产权行政部门的复审决定仍不服的，可以自收到通知之日起3个月内向人民法院起诉。

第二十条　布图设计获准登记后，国务院知识产权行政部门发现该登记不符合本条例规定的，应当予以撤销，通知布图设计权利人，并予以公告。布图设计权利人对国务院知识产权行政部门撤销布图设计登记的决定不服的，可以自收到通知之日起3个月内向人民法院起诉。

第二十一条　在布图设计登记公告前，国务院知识产权行政部门的工作人员对其内容负有保密义务。

第四章　布图设计专有权的行使

第二十二条　布图设计权利人可以将其专有权转让或者许可他人使用其布图设计。

转让布图设计专有权的，当事人应当订立书面合同，并向国务院知识产权行政部门登记，由国务院知识产权行政部门予以公告。布图设计专有权的转让自登记之日起生效。

许可他人使用其布图设计的，当事人应当订立书面合同。

第二十三条　下列行为可以不经布图设计权利人许可，不向其支付报酬：

（一）为个人目的或者单纯为评价、分析、研究、教学等目的而复制受保护的布图设计的；

（二）在依据前项评价、分析受保护的布图设计的基础上，创作出具有独创性的布图设计的；

（三）对自己独立创作的与他人相同的布图设计进行复制或者将其投入商业利用的。

◆ 本条第（一）、（二）项的规定称为"反向工程"。它是指对他人的布图设计进行分析、评价，然后根据这种分析、评价的结果创作出具有独创性的布图设计。反向工程实质上是一种对他人享有布图设计专有权的布图设计进行复制的行为。必须符合以下条件：①其目的在于对他人的布图设计进行分析、评价、用于教学或在他人设计的布图设计的基础上创作布图设计，单单出于商业目的不能对他人的布图设计运用反向工程；②利用反向工程所创作出的新的布图设计必须符合原创性的要求。

第二十四条　受保护的布图设计、含有该布图设计的集成电路或者含有该集成电路的物品，由布图设计权利人或者经其许可投放市场后，他人再次商业利用的，可以不经布图设计权利人许可，并不向其支付报酬。

第二十五条　在国家出现紧急状态或者非常情况时，或者为了公共利益的目的，或者经人民法院、不正当竞争行为监督检查部门依法认定布图设计权利人有不正当竞争行为而需要给予补救时，国务院知识产权行政部门可以给予使用其布图设计的非自愿许可。

第二十六条　国务院知识产权行政部门作出给予使用布图设计非自愿许可的决定，应当及时通知布图设计权利人。

给予使用布图设计非自愿许可的决定，应当根据非自愿许可的理由，规定使用的范围和时间，其范围应当限于为公共目的非商业性使用，或者限于经人民法院、不正当竞争行为监督检查部门依法认定布图设计权利人有不正当竞争行为而需要给予的补救。

175

非自愿许可的理由消除并不再发生时，国务院知识产权行政部门应当根据布图设计权利人的请求，经审查后作出终止使用布图设计非自愿许可的决定。

第二十七条 取得使用布图设计非自愿许可的自然人、法人或者其他组织不享有独占的使用权，并且无权允许他人使用。

第二十八条 取得使用布图设计非自愿许可的自然人、法人或者其他组织应当向布图设计权利人支付合理的报酬，其数额由双方协商；双方不能达成协议的，由国务院知识产权行政部门裁决。

第二十九条 布图设计权利人对国务院知识产权行政部门关于使用布图设计非自愿许可的决定不服的，布图设计权利人和取得非自愿许可的自然人、法人或者其他组织对国务院知识产权行政部门关于使用布图设计非自愿许可的报酬的裁决不服的，可以自收到通知之日起3个月内向人民法院起诉。

第五章 法 律 责 任

第三十条 除本条例另有规定的外，未经布图设计权利人许可，有下列行为之一的，行为人必须立即停止侵权行为，并承担赔偿责任：

（一）复制受保护的布图设计的全部或者其中任何具有独创性的部分的；

（二）为商业目的进口、销售或者以其他方式提供受保护的布图设计、含有该布图设计的集成电路或者含有该集成电路的物品的。

侵犯布图设计专有权的赔偿数额，为侵权人所获得的利益或者被侵权人所受到的损失，包括被侵权人为制止侵权行为所支付的合理开支。

第三十一条 未经布图设计权利人许可，使用其布图设计，即侵犯其布图设计专有权，引起纠纷的，由当事人协商解决；不愿协商或者协商不成的，布图设计权利人或者利害关系人可以向人民法院起诉，也可以请求国务院知识产权行政部门处理。国务院知识产权行政部门处理时，认定侵权行为成立的，可以责令侵权人立即停止侵权行为，没收、销毁侵权产品或者物品。当事人不服的，可以自收到处理通知之日起15日内依照《中华人民共和国行政诉讼法》向人民法院起诉；侵权人期满不起诉又不停止侵权行为的，国务院知识产权行政部门可以请求人民法院强制执行。应当事人的请求，国务院知识产权行政部门可以就侵犯布图设计专有权的赔偿数额进行调解；调解不成的，当事人可以依照《中华人民共和国民事诉讼法》向人民法院起诉。

◆根据本条的规定请求国家知识产权局处理布图设计专有权侵权纠纷的，应当符合下列条件：①该布图设计已登记、公告；②请求人是布图设计权利人或者与该侵权纠纷有直接利害关系的单位或者个人；③有明确的被请求人；④有明确的请求事项和具体的事实、理由；⑤当事人任何一方均未就该侵权纠纷向人民法院起诉。

第三十二条 布图设计权利人或者利害关系人有证据证明他人正在实施或者即将实施侵犯其专有权的行为，如不及时制止将会使其合法权益受到难以弥补的损害的，可以在起诉前依法向人民法院申请采取责令停止有关行为和财产保全的措施。

第三十三条 在获得含有受保护的布图设计的集成电路或者含有该集成电路的物品时，不知道也没有合理理由应当知道其中含有非法复制的布图设计，而将其投入商业利用的，不视为侵权。

前款行为人得到其中含有非法复制的布图设计的明确通知后，可以继续将现有的存货或者此前的订货投入商业利用，但应当向布图设计权利人支付合理的报酬。

◆本条规定了"善意买主制度"。是指买主不知情购买了含有非法复制的受保护之布图设计的集成电路产品，并对该产品进行进口、销售或从事其他商业利用，不追求其法律责任。

第三十四条 国务院知识产权行政部门的工作人员在布图设计管理工作中玩忽职守、滥用职权、徇私舞弊，构成犯罪的，依法追究刑事责任；尚不构成犯罪的，依法给予行政处分。

第六章 附 则

第三十五条 申请布图设计登记和办理其他手续，应当按照规定缴纳费用。缴费标准由国务院物价主管部门、国务院知识产权行政部门制定，并由国务院知识产权行政部门公告。

第三十六条 本条例自 2001 年 10 月 1 日起施行。

中华人民共和国
知识产权海关保护条例

（2003 年 11 月 26 日国务院第 30 次常务会议通过
2003 年 12 月 2 日中华人民共和国国务院令第 395 号公布
自 2004 年 3 月 1 日起施行）

第一章 总 则

第一条 为了实施知识产权海关保护，促进对外经济贸易和科技文化交往，维护公共利益，根据《中华人民共和国海关法》，制定本条例。

第二条 本条例所称知识产权海关保护，是指海关对与进出口货物有关并受中华人民共和国法律、行政法规保护的商标专用权、著作权和与著作权有关的权利、专利权（以下统称知识产权）实施的保护。

第三条 国家禁止侵犯知识产权的货物进出口。

海关依照有关法律和本条例的规定实施知识产权保护，行使《中华人民共和国海关法》规定的有关权力。

第四条 知识产权权利人请求海关实施知识产权保护的，应当向海关提出采取保护措施的申请。

第五条 进口货物的收货人或者其代理人、出口货物的发货人或者其代理人应当按照国家规定，向海关如实申报与进出口货物有关的知识产权状况，并提交有关证明文件。

第六条 海关实施知识产权保护时，应当保守有关当事人的商业秘密。

第二章 知识产权的备案

第七条 知识产权权利人可以依照本条例的规定，将其知识产权向海关总署 申请备案；申请备案的，应当提交申请书。申请书应当包括下列内容：

（一）知识产权权利人的名称或者姓名、注册地或者国籍等；

（二）知识产权的名称、内容及其相关信息；

（三）知识产权许可行使状况；

（四）知识产权权利人合法行使知识产权的货物的名称、产地、进出境地海关、进出口商、主要特征、价格等；

（五）已知的侵犯知识产权货物的制造商、进出口商、进出境地海关、主要特征、价格等。

前款规定的申请书内容有证明文件的，知识产权权利人应当附送证明文件。

第八条 海关总署应当自收到全部申请文件之日起30个工作日内作出是否准予备案的决定，并书面通知申请人；不予备案的，应当说明理由。

有下列情形之一的，海关总署不予备案：

（一）申请文件不齐全或者无效的；

（二）申请人不是知识产权权利人的；

（三）知识产权不再受法律、行政法规保护的。

第九条 海关发现知识产权权利人申请知识产权备案未如实提供有关情况或者文件的，海关总署可以撤销其备案。

第十条 知识产权海关保护备案自海关总署准予备案之日起生效，有效期为10年。

知识产权有效的，知识产权权利人可以在知识产权海关保护备案有效期届满前6个月内，向海关总署申请续展备案。每次续展备案的有效期为10年。

知识产权海关保护备案有效期届满而不申请续展或者知识产权不再受法律、行政法规保护的，知识产权海关保护备案随即失效。

第十一条 备案知识产权的情况发生改变的，知识产权权利人应当自发生改变之日起30个工作日内，向海关总署办理备案变更或者注销手续。

第三章　扣留侵权嫌疑货物
的申请及其处理

第十二条　知识产权权利人发现侵权嫌疑货物即将进出口的，可以向货物进出境地海关提出扣留侵权嫌疑货物的申请。

第十三条　知识产权权利人请求海关扣留侵权嫌疑货物的，应当提交申请书及相关证明文件，并提供足以证明侵权事实明显存在的证据。

申请书应当包括下列主要内容：

（一）知识产权权利人的名称或者姓名、注册地或者国籍等；

（二）知识产权的名称、内容及其相关信息；

（三）侵权嫌疑货物收货人和发货人的名称；

（四）侵权嫌疑货物名称、规格等；

（五）侵权嫌疑货物可能进出境的口岸、时间、运输工具等。

侵权嫌疑货物涉嫌侵犯备案知识产权的，申请书还应当包括海关备案号。

第十四条　知识产权权利人请求海关扣留侵权嫌疑货物的，应当向海关提供不超过货物等值的担保，用于赔偿可能因申请不当给收货人、发货人造成的损失，以及支付货物由海关扣留后的仓储、保管和处置等费用；知识产权权利人直接向仓储商支付仓储、保管费用的，从担保中扣除。具体办法由海关总署制定。

第十五条　知识产权权利人申请扣留侵权嫌疑货物，符合本条例第十三条的规定，并依照本条例第十四条的规定提供担保的，海关应当扣留侵权嫌疑货物，书面通知知识产权权利人，并将海关扣留凭单送达收货人或者发货人。

知识产权权利人申请扣留侵权嫌疑货物，不符合本条例第十三条的规定，或者未依照本条例第十四条的规定提供担保的，海关应当驳回申请，并书面通知知识产权权利人。

第十六条　海关发现进出口货物有侵犯备案知识产权嫌疑的，应当立即书面通知知识产权权利人。知识产权权利人自通知送达之日起3个工作日内依照本条例第十三条的规定提出申请，并依照本条例第十四条的规定提供担保的，海关应当扣留侵权嫌疑货物，书面通知知识产权权利人，并将海关扣留凭单送达收货人或者发货人。知识产权权利人逾期未提出申请或者未提供担保的，海关不得扣留货物。

第十七条 经海关同意，知识产权权利人和收货人或者发货人可以查看有关货物。

第十八条 收货人或者发货人认为其货物未侵犯知识产权权利人的知识产权的，应当向海关提出书面说明并附送相关证据。

第十九条 涉嫌侵犯专利权货物的收货人或者发货人认为其进出口货物未侵犯专利权的，可以在向海关提供货物等值的担保金后，请求海关放行其货物。知识产权权利人未能在合理期限内向人民法院起诉的，海关应当退还担保金。

第二十条 海关发现进出口货物有侵犯备案知识产权嫌疑并通知知识产权权利人后，知识产权权利人请求海关扣留侵权嫌疑货物的，海关应当自扣留之日起30个工作日内对被扣留的侵权嫌疑货物是否侵犯知识产权进行调查、认定；不能认定的，应当立即书面通知知识产权权利人。

第二十一条 海关对被扣留的侵权嫌疑货物进行调查，请求知识产权主管部门提供协助的，有关知识产权主管部门应当予以协助。

知识产权主管部门处理涉及进出口货物的侵权案件请求海关提供协助的，海关应当予以协助。

第二十二条 海关对被扣留的侵权嫌疑货物及有关情况进行调查时，知识产权权利人和收货人或者发货人应当予以配合。

第二十三条 知识产权权利人在向海关提出采取保护措施的申请后，可以依照《中华人民共和国商标法》、《中华人民共和国著作权法》或者《中华人民共和国专利法》的规定，在起诉前就被扣留的侵权嫌疑货物向人民法院申请采取责令停止侵权行为或者财产保全的措施。

海关收到人民法院有关责令停止侵权行为或者财产保全的协助执行通知的，应当予以协助。

第二十四条 有下列情形之一的，海关应当放行被扣留的侵权嫌疑货物：

（一）海关依照本条例第十五条的规定扣留侵权嫌疑货物，自扣留之日起20个工作日内未收到人民法院协助执行通知的；

（二）海关依照本条例第十六条的规定扣留侵权嫌疑货物，自扣留之日起 50 个工作日内未收到人民法院协助执行通知，并且经调查不能认定被扣留的侵权嫌疑货物侵犯知识产权的；

（三）涉嫌侵犯专利权货物的收货人或者发货人在向海关提供与货物等值的担保金后，请求海关放行其货物的；

（四）海关认为收货人或者发货人有充分的证据证明其货物未侵犯知识产权权利人的知识产权的。

第二十五条　海关依照本条例的规定扣留侵权嫌疑货物，知识产权权利人应当支付有关仓储、保管和处置等费用。知识产权权利人未支付有关费用的，海关可以从其向海关提供的担保金中予以扣除，或者要求担保人履行有关担保责任。

侵权嫌疑货物被认定为侵犯知识产权的，知识产权权利人可以将其支付的有关仓储、保管和处置等费用计入其为制止侵权行为所支付的合理开支。

第二十六条　海关实施知识产权保护发现涉嫌犯罪案件的，应当将案件依法移送公安机关处理。

第四章　法律责任

第二十七条　被扣留的侵权嫌疑货物，经海关调查后认定侵犯知识产权的，由海关予以没收。

海关没收侵犯知识产权货物后，应当将侵犯知识产权货物的有关情况书面通知知识产权权利人。

被没收的侵犯知识产权货物可以用于社会公益事业的，海关应当转交给有关公益机构用于社会公益事业；知识产权权利人有收购意愿的，海关可以有偿转让给知识产权权利人。被没收的侵犯知识产权货物无法用于社会公益事业且知识产权权利人无收购意愿的，海关可以在消除侵权特征后依法拍卖；侵权特征无法消除的，海关应当予以销毁。

第二十八条　个人携带或者邮寄进出境的物品，超出自用、合理数量，并侵犯本条例第二条规定的知识产权的，由海关予以没收。

第二十九条　海关接受知识产权保护备案和采取知识产权保护措施的

申请后，因知识产权权利人未提供确切情况而未能发现侵权货物、未能及时采取保护措施或者采取保护措施不力的，由知识产权权利人自行承担责任。

知识产权权利人请求海关扣留侵权嫌疑货物后，海关不能认定被扣留的侵权嫌疑货物侵犯知识产权权利人的知识产权，或者人民法院判定不侵犯知识产权权利人的知识产权的，知识产权权利人应当依法承担赔偿责任。

第三十条　进口或者出口侵犯知识产权货物，构成犯罪的，依法追究刑事责任。

第三十一条　海关工作人员在实施知识产权保护时，玩忽职守、滥用职权、徇私舞弊，构成犯罪的，依法追究刑事责任；尚不构成犯罪的，依法给予行政处分。

第五章　附　　则

第三十二条　知识产权权利人将其知识产权向海关总署备案的，应当按照国家有关规定缴纳备案费。

第三十三条　本条例自 2004 年 3 月 1 日起施行。1995 年 7 月 5 日国务院发布的《中华人民共和国知识产权海关保护条例》同时废止。

中华人民共和国反不正当竞争法

(1993 年 9 月 2 日第八届全国人民代表大会常务
委员会第三次会议通过 1993 年 9 月 2 日中华人民共和国
主席令第 10 号公布 1993 年 12 月 1 日起施行)

第一章 总 则

第一条 【立法目的】为保障社会主义市场经济健康发展,鼓励和保护公平竞争,制止不正当竞争行为,保护经营者和消费者的合法权益,制定本法。

第二条 【经营原则】经营者在市场交易中,应当遵循自愿、平等、公平、诚实信用的原则,遵守公认的商业道德。

本法所称的不正当竞争,是指经营者违反本法规定,损害其他经营者的合法权益,扰乱社会经济秩序的行为。

本法所称的经营者,是指从事商品经营或者营利性服务(以下所称商品包括服务)的法人、其他经济组织和个人。

◆ 主要的不正当竞争行为包括仿冒行为、虚假标示行为、限制竞争行为、政府滥用权利禁止竞争行为、商业贿赂行为、虚假广告行为、侵犯商业秘密行为、倾销、不正当附条件销售行为、不正当有奖销售、损害商誉、串通投标等。

◆ 即使某种行为不符合本法第二章所规定的具体不正当竞争行为,但符合本条规定,则依然构成不正当竞争行为。

第三条 【政府管理】各级人民政府应当采取措施,制止不正当竞争行为,为公平竞争创造良好的环境和条件。

县级以上人民政府工商行政管理部门对不正当竞争行为进行监督检查;法律、行政法规规定由其他部门监督检查的,依照其规定。

185

第四条 【社会监督】国家鼓励、支持和保护一切组织和个人对不正当竞争行为进行社会监督。

国家机关工作人员不得支持、包庇不正当竞争行为。

第二章　不正当竞争行为

第五条 【欺骗性交易行为】经营者不得采用下列不正当手段从事市场交易，损害竞争对手：

（一）假冒他人的注册商标；

（二）擅自使用知名商品特有的名称、包装、装潢，或者使用与知名商品近似的名称、包装、装潢，造成和他人的知名商品相混淆，使购买者误认为是该知名商品；

（三）擅自使用他人的企业名称或者姓名，引人误认为是他人的商品；

（四）在商品上伪造或者冒用认证标志、名优标志等质量标志，伪造产地，对商品质量作引人误解的虚假表示。

◆ 在中国境内具有一定的市场知名度，为相关公众所知悉的商品，应当认定为本条第（二）项规定的"知名商品"。法院认定知名商品，应当考虑该商品的销售时间、销售区域、销售额和销售对象，进行任何宣传的持续时间、程度和地域范围，作为知名商品受保护的情况等因素，进行综合判断。原告应当对其商品的市场知名度负举证责任。在不同地域范围内使用相同或者近似的知名商品特有的名称、包装、装潢，在后使用者能够证明其善意使用的，不构成本条第（二）项规定的不正当竞争行为。

◆ 具有区别商品来源的显著特征的商品的名称、包装、装潢，应当认定为本条第（二）项规定的"特有的名称、包装、装潢"。有下列情形之一的，人民法院不认定为知名商品特有的名称、包装、装潢：①商品的通用名称、图形、型号；②仅仅直接表示商品的质量、主要原料、功能、用途、重量、数量及其他特点的商品名称；③仅由商品自身的性质产生的形状，为获得技术效果而需有的商品形状以及使商品具有实质性价值的形状；④其他缺乏显著特征的商品名称、包装、装潢。其中第①②④项规定的情形经过使用取得显著特征的，可以认定为特有的名称、包装、装潢。知名商品特有的名称、包装、装潢中含有本商品的通用名称、图形、型号，或者直接表示商品的质量、主要原料、功能、用途、重量、数量以及其他特点，或者含有地名，他人因客观叙述商品而正当使用的，不构成不正当竞争行为。

◆ 由经营者营业场所的装饰、营业用具的式样、营业人员的服饰等构成的具有独特风格的整体营业形象，可以认定为本条第（二）项规定的"装潢"。

◆ 足以使相关公众对商品的来源产生误认，包括误认为与知名商品的经营者具有许可使用、关联企业关系等特定联系的，应当认定为本条第（二）项规定的"造成和他人的知名商品相混淆，使购买者误认为是该知名商品"。在相同商品上使用相同或者视觉上基本无差别的商品名称、包装、装潢，应当视为足以造成和他人知名商品相混淆。认定与知名商品特有名称、包装、装潢相同或者近似，可以参照商标相同或者近似的判断原则和方法。

◆ 企业登记主管机关依法登记注册的企业名称，以及在中国境内进行商业使用的外国（地区）企业名称，应当认定为本条第（三）项规定的"企业名称"。具有一定的市场知名度、为相关公众所知悉的企业名称中的字号，可以认定为本条第（三）项规定的"企业名称"。在商品经营中使用的自然人的姓名，应当认定为本条第（三）项规定的"姓名"。具有一定的市场知名度、为相关公众所知悉的自然人的笔名、艺名等，可以认定为本条第（三）项规定的"姓名"。在中国境内进行商业使用，包括将知名商品特有的名称、包装、装潢或者企业名称、姓名用于商品、商品包装以及商品交易文书上，或者用于广告宣传、展览以及其他商业活动中，应当认定为本条第（二）项、第（三）项规定的"使用"。

当事人以他人企业名称与其在先的企业名称相同或者近似，足以使相关公众对其商品的来源产生混淆，违反本条第（三）项的规定为由提起诉讼的，法院应当受理。

◆ 经营者在商品上对商品的安全标准、使用性能、用途、规格、等级、主要成份和含量、生产日期、有效期限、保质期等与商品质量相关的内容作虚假表示，误导公众，扰乱市场竞争秩序的，违反了本条第（四）项的规定，构成虚假表示行为。

【条文参见】《商标法》52

第六条　【禁止垄断经营】公用企业或者其他依法具有独占地位的经营者，不得限定他人购买其指定的经营者的商品，以排挤其他经营者的公平竞争。

第七条　【禁止行政垄断】政府及其所属部门不得滥用行政权力，限定他人购买其指定的经营者的商品，限制其他经营者正当的经营活动。

政府及其所属部门不得滥用行政权力，限制外地商品进入本地市场，或者本地商品流向外地市场。

第八条　【回扣和正当折扣】经营者不得采用财物或者其他手段进行贿赂以销售或者购买商品。在账外暗中给予对方单位或者个人回扣的，以行贿论处；对方单位或者个人在账外暗中收受回扣的，以受贿论处。

经营者销售或者购买商品，可以以明示方式给对方折扣，可以给中间人佣金。经营者给对方折扣、给中间人佣金的，必须如实入账。接受折扣、佣金的经营者必须如实入账。

第九条　【禁止虚假宣传】经营者不得利用广告或者其他方法，对商品的质量、制作成分、性能、用途、生产者、有效期限、产地等作引人误解的虚假宣传。

广告的经营者不得在明知或者应知的情况下，代理、设计、制作、发布虚假广告。

◆ 经营者具有下列行为之一，足以造成相关公众误解的，可以认定为本条第 1 款规定的引人误解的虚假宣传行为：①对商品作片面的宣传或者对比的；②将科学上未定论的观点、现象等当作定论的事实用于商品宣传的；③以歧义性语言或者其他引人误解的方式进行商品宣传的。以明显的夸张方式宣传商品，不足以造成相关公众误解的，不属于引人误解的虚假宣传行为。

第十条 【**侵犯商业秘密**】经营者不得采用下列手段侵犯商业秘密：

（一）以盗窃、利诱、胁迫或者其他不正当手段获取权利人的商业秘密；

（二）披露、使用或者允许他人使用以前项手段获取的权利人的商业秘密；

（三）违反约定或者违反权利人有关保守商业秘密的要求，披露、使用或者允许他人使用其所掌握的商业秘密。

第三人明知或者应知前款所列违法行为，获取、使用或者披露他人的商业秘密，视为侵犯商业秘密。

本条所称的商业秘密，是指不为公众所知悉、能为权利人带来经济利益、具有实用性并经权利人采取保密措施的技术信息和经营信息。

◆ 有关信息不为其所属领域的相关人员普遍知悉和容易获得，应当认定为本条第3款规定的"不为公众所知悉"。具有下列情形之一的，可以认定有关信息不构成不为公众所知悉：①该信息为其所属技术或者经济领域的人的一般常识或者行业惯例；②该信息仅涉及产品的尺寸、结构、材料、部件的简单组合等内容，进入市场后相关公众通过观察产品即可直接获得；③该信息已经在公开出版物或者其他媒体上公开披露；④该信息已通过公开的报告会、展览等方式公开；⑤该信息从其他公开渠道可以获得；⑥该信息无需付出一定的代价而容易获得。

有关信息具有现实的或者潜在的商业价值，能为权利人带来竞争优势的，应当认定为本条第3款规定的"能为权利人带来经济利益、具有实用性"。权利人为防止信息泄漏所采取的与其商业价值等具体情况相适应的合理保护措施，应当认定为本条第3款规定的"保密措施"。具有下列情形之一，在正常情况下足以防止涉密信息泄漏的，应当认定权利人采取了保密措施：①限定涉密信息的知悉范围，只对必须知悉的相关人员告知其内容；②对于涉密信息载体采取加锁等防范措施；③在涉密信息的载体上标有保密标志；④对于涉密信息采用密码或者代码等；⑤签订保密协议；⑥对于涉密的机器、厂房、车间等场所限制来访者或者提出保密要求；⑦确保信息秘密的其他合理措施。

◆ 通过自行开发研制或者反向工程等方式获得的商业秘密，不认定为本条第（一）、（二）项规定的侵犯商业秘密行为。其中"反向工程"，是指通过技术手段对从公开渠道取得的产品进行拆卸、测绘、分析等而获得该产品的有关技术信息。当事人以不正当手段知悉了他人的商业秘密之后，又以反向工程为由主张获取行为合法的，不予支持。

第十一条 【禁止倾销】经营者不得以排挤竞争对手为目的，以低于成本的价格销售商品。

有下列情形之一的，不属于不正当竞争行为：

（一）销售鲜活商品；

（二）处理有效期限即将到期的商品或者其他积压的商品；

（三）季节性降价；

（四）因清偿债务、转产、歇业降价销售商品。

第十二条 【禁止搭售】经营者销售商品，不得违背购买者的意愿搭售商品或者附加其他不合理的条件。

第十三条 【禁止有奖销售】经营者不得从事下列有奖销售：

（一）采用谎称有奖或者故意让内定人员中奖的欺骗方式进行有奖销售；

（二）利用有奖销售的手段推销质次价高的商品；

（三）抽奖式的有奖销售，最高奖的金额超过 5000 元。

第十四条 【不得损害声誉】经营者不得捏造、散布虚伪事实，损害竞争对手的商业信誉、商品声誉。

第十五条 【招投标之禁止】投标者不得串通投标，抬高标价或者压低标价。

投标者和招标者不得相互勾结，以排挤竞争对手的公平竞争。

第三章　监督检查

第十六条　【监督检查主体】县级以上监督检查部门对不正当竞争行为，可以进行监督检查。

第十七条　【监督检查主体职权】监督检查部门在监督检查不正当竞争行为时，有权行使下列职权：

（一）按照规定程序询问被检查的经营者、利害关系人、证明人，并要求提供证明材料或者与不正当竞争行为有关的其他资料；

（二）查询、复制与不正当竞争行为有关的协议、账册、单据、文件、记录、业务函电和其他资料；

（三）检查与本法第五条规定的不正当竞争行为有关的财物，必要时可以责令被检查的经营者说明该商品的来源和数量，暂停销售，听候检查，不得转移、隐匿、销毁该财物。

第十八条　【监督检查程序】监督检查部门工作人员监督检查不正当竞争行为时，应当出示检查证件。

第十九条　【被检查者义务】监督检查部门在监督检查不正当竞争行为时，被检查的经营者、利害关系人和证明人应当如实提供有关资料或者情况。

第四章　法律责任

第二十条　【民事赔偿及范围】经营者违反本法规定，给被侵害的经营者造成损害的，应当承担损害赔偿责任，被侵害的经营者的损失难以计算的，赔偿额为侵权人在侵权期间因侵权所获得的利润；并应当承担被侵害的经营者因调查该经营者侵害其合法权益的不正当竞争行为所支付的合理费用。

被侵害的经营者的合法权益受到不正当竞争行为损害的，可以向人民法院提起诉讼。

第二十一条　【假冒标识的责任】经营者假冒他人的注册商标，擅自使用他人的企业名称或者姓名，伪造或者冒用认证标志、名优标志等质量标志，伪造产地，对商品质量作引人误解的虚假表示的，依照《中华人民共和国商标法》、《中华人民共和国产品质量法》的规定处罚。

经营者擅自使用知名商品特有的名称、包装、装潢，或者使用与知名商品近似的名称、包装、装潢，造成和他人的知名商品相混淆，使购买者误认为是该知名商品的，监督检查部门应当责令停止违法行为，没收违法所得，可以根据情节处以违法所得1倍以上3倍以下的罚款；情节严重的，可以吊销营业执照；销售伪劣商品，构成犯罪的，依法追究刑事责任。

第二十二条 【贿赂销售或者购买商品的责任】经营者采用财物或者其他手段进行贿赂以销售或者购买商品，构成犯罪的，依法追究刑事责任；不构成犯罪的，监督检查部门可以根据情节处以1万元以上20万元以下的罚款，有违法所得的，予以没收。

第二十三条 【垄断经营的责任】公用企业或者其他依法具有独占地位的经营者，限定他人购买其指定的经营者的商品，以排挤其他经营者的公平竞争的，省级或者设区的市的监督检查部门应当责令停止违法行为，可以根据情节处以5万元以上20万元以下的罚款。被指定的经营者借此销售质次价高商品或者滥收费用的，监督检查部门应当没收违法所得，可以根据情节处以违法所得1倍以上3倍以下的罚款。

第二十四条 【虚假宣传的责任】经营者利用广告或者其他方法，对商品作引人误解的虚假宣传，监督检查部门应当责令停止违法行为，消除影响，可以根据情节处以1万元以上20万元以下的罚款。

广告的经营者，在明知或者应知的情况下，代理、设计、制作、发布虚假广告的，监督检查部门应当责令停止违法行为，没收违法所得，并依法处以罚款。

第二十五条 【侵犯商业秘密的责任】违反本法第十条规定侵犯商业秘密的，监督检查部门应当责令停止违法行为，可以根据情节处以1万元以上20万元以下的罚款。

第二十六条 【为禁止有奖销售的责任】经营者违反本法第十三条规定进行有奖销售的，监督检查部门应当责令停止违法行为，可以根据情节处以1万元以上10万元以下的罚款。

第二十七条 【串通招投标的责任】投标者串通投标，抬高标价或者压低标价；投标者和招标者相互勾结，以排挤竞争对手的公平竞争的，其中标无效。监督检查部门可以根据情节处以 1 万元以上 20 万元以下的罚款。

第二十八条　【转移、隐匿、销毁与不正当竞争行为有关的财物的责任】经营者有违反被责令暂停销售，不得转移、隐匿、销毁与不正当竞争行为有关的财物的行为的，监督检查部门可以根据情节处以被销售、转移、隐匿、销毁财物的价款的 1 倍以上 3 倍以下的罚款。

第二十九条　【被处罚者的救济】当事人对监督检查部门作出的处罚决定不服的，可以自收到处罚决定之日起 15 日内向上一级主管机关申请复议；对复议决定不服的，可以自收到复议决定书之日起 15 日内向人民法院提起诉讼；也可以直接向人民法院提起诉讼。

第三十条　【政府违法的责任】政府及其所属部门违反本法第七条规定，限定他人购买其指定的经营者的商品、限制其他经营者正当的经营活动，或者限制商品在地区之间正常流通的，由上级机关责令其改正；情节严重的，由同级或者上级机关对直接责任人员给予行政处分。被指定的经营者借此销售质次价高商品或者滥收费用的，监督检查部门应当没收违法所得，可以根据情节处以违法所得 1 倍以上 3 倍以下的罚款。

第三十一条　【检查人员违法的责任】监督检查不正当竞争行为的国家机关工作人员滥用职权、玩忽职守，构成犯罪的，依法追究刑事责任；不构成犯罪的，给予行政处分。

第三十二条　【包庇犯罪的责任】监督检查不正当竞争行为的国家机关工作人员徇私舞弊，对明知有违反本法规定构成犯罪的经营者故意包庇不使他受追诉的，依法追究刑事责任。

第五章　附　　则

第三十三条　【实施日期】本法自 1993 年 12 月 1 日起施行。

实用附录：

专利实施许可合同
（试用）

专利名称＿＿＿＿＿＿＿＿＿＿＿＿＿＿＿＿＿＿＿＿＿＿＿＿＿＿

专利号＿＿＿＿＿＿＿＿＿＿＿＿＿＿＿＿＿＿＿＿＿＿＿＿

许可方名称＿＿＿＿＿＿＿＿＿＿＿＿＿＿＿＿＿＿＿＿＿＿＿＿

地址＿＿＿＿＿＿＿＿＿＿＿＿＿＿＿＿＿＿＿＿＿＿＿

代表人＿＿＿＿＿＿＿＿＿＿＿＿＿＿＿＿＿＿＿＿＿＿

被许可方名称＿＿＿＿＿＿＿＿＿＿＿＿＿＿＿＿＿＿＿＿＿＿＿＿

地址＿＿＿＿＿＿＿＿＿＿＿＿＿＿＿＿＿＿＿＿＿＿

代表人＿＿＿＿＿＿＿＿＿＿＿＿＿＿＿＿＿＿＿＿

合同备案号＿＿＿＿＿＿＿＿＿＿＿＿＿＿＿＿＿＿＿＿＿＿＿＿

签订地点

签订日期　　　　年　　月　　日

有效期限至　　　　年　　月　　日

中华人民共和国专利局监制

第十五条　争议的解决办法

第十六条　合同的生效、变更与终止

第十七条　其他

许可方签章　　　　　　　　　　被许可方签章

许可方法人代表签章　　　　　　被许可方法人代表签章

　年　　月　　日　　　　　　　年　　　月　　　日

196

	名称（或姓名）				
转让方	法人代表	（签章）	委托代理人		（签章）
	联系人				（签章）
	住所（通讯地址）				
	电话		电挂		
	开户银行				
	帐号		邮政编码		
受让方	名称（或姓名）				（签章）
	法人代表	（签章）	委托代理人		（签章）
	联系人				（签章）
	住所（通讯地址）				
	电话		电挂		
	开户银行				
	帐号		邮政编码		
中介方	单位名称			（签章）年 月 日	
	法人代表	（签章）	委托代理人		（签章）
	联系人				（签章）
	住所（通讯地址）				
	电话		电挂		
	开户银行				
	帐号		邮政编码		

印 花 税 票 粘 贴 处

登记机关审查登记栏:

技术合同登记机关（专用章）

经办人:（签章）19　年　月　日

专利实施许可合同
签订指南

中华人民共和国专利局制

前言（鉴于条款）

——鉴于许可方（姓名或名称 注：必须与所许可的专利的法律文件相一致）拥有（专利名称 注：必须与专利法律文件相一致）专利，该专利为（职务发明创造或非职务发明创造），专利为（九位），公开号为（八位包括最后一位字母），申请日为＿＿＿年＿＿＿月＿＿＿日，授权日为＿＿＿年＿＿＿月＿＿＿日，专利的法定届满日为＿＿＿年＿＿＿月＿＿＿日。并拥有实施该专利所涉及的技术秘密及工艺；

——鉴于被许可方（姓名或名称）属于＿＿＿＿＿＿＿领域的企业、事业单位、社会团体或个人等，拥有厂房＿＿＿＿＿＿，＿＿＿＿＿＿设备，人员及其它条件，并对许可方的专利技术有所了解，希望获得许可而实施该专利技术（及所涉及的技术秘密、工艺等）；

——鉴于许可方同意向被许可方授予所请求的许可；

双方一致同意签订本合同。

第一条 名词和术语（定义条款）

本条所涉及的名词和术语均为签定合同时出现的需要定义的名词和术语。如：

专利——本合同中所指的专利是许可方许可被许可方实施的由中国专利局受理的发明专利（或实用新型专利或外观设计专利）专利号：

＿＿＿＿＿＿发明创造名称：＿＿＿＿＿＿＿＿＿。

技术秘密（know－how）——指实施本合同专利所需要的、在工业化生产中有助于本合同技术的最佳利用、没有进入公共领域的技术。

技术资料——指全部专利申请文件和与实施该专利有关的技术秘密及

199

设计图纸、工艺图纸、工艺配方、工艺流程及制造合同产品所需的工装、设备清单等技术资料。

合同产品——指被许可方使用本合同提供的被许可技术制造的产品，其产品名称为：_____。

技术服务——指许可方为被许可方实施合同提供的技术所进行的服务，包括传授技术与培训人员。

销售额——指被许可方销售合同产品的总金额。

净销售额——指销售额减去包装费、运输费、税金、广告费、商业折扣。

纯利润——指合同产品销售后，总销售额减去成本、税金后的利润额。

改进技术——指在许可方许可被许可方实施的技术基础上改进的技术。

普通实施许可——指许可方许可被许可方在合同约定的期限、地区、技术领域内实施该专利技术的同时，许可方保留实施该专利技术的权利，并可以继续许可被许可方以外的任何单位或个人实施该专利技术。

排他实施许可——指许可方许可被许可方在合同约定的期限、地区、技术领域内实施该专利技术的同时，许可方保留实施该专利技术的权利，但不得再许可被许可方以外的任何单位或个人实施该专利技术。

独占实施许可——指许可方许可被许可方在合同约定的期限、地区、技术领域内实施该专利技术，许可方和任何被许可方以外的单位或个人都不得实施该专利技术。

分许可——被许可方经许可方同意将本合同涉及的专利技术许可给第三方。

等等。

第二条　专利许可的方式与范围

该专利的许可方式是独占许可，（排他许可、普通许可、交叉许可、分许可）；

该专利的许可范围是在某地区制造（使用、销售）其专利的产品；（或者）使用其专利方法以及使用、销售依照该专利方法直接获得的产品；（或者）进口其专利产品（或者）进口依照其专利方法直接获得的产品。

200

第三条　专利的技术内容

许可方向被许可方提供专利号为_____，专利名称为_____的全部专利文件（见附件1），同时提供为实施该专利而必须的工艺流程文件（见附件2），提供设备清单（或直接提供设备）用于制造该专利产品（见附件3），并提供实施该专利所涉及的技术秘密（见附件4）及其它技术（见附件5）。

第四条　技术资料的交付

1. 技术资料的交付时间

合同生效后，许可方收到被许可方支付的使用费（入门费）（￥、$万元）后的_____日内，许可方向被许可方交付合同第三条所述的全部资料，即附件（1～5）中所示的全部资料。

自合同生效日起，____日内，许可方向被许可方交付合同第三条所述全部（或部分）技术资料，即附件（1～5）中所示的全部资料。

2. 技术资料的交付方式和地点

许可方将全部技术资料以面交、挂号邮寄、或空运方式递交给被许可方，并将资料清单以面交、邮寄或传真方式递交给被许可方，将空运单以面交、邮寄方式递交给被许可方。

技术资料交付地点为被许可方所在地或双方约定的地点。

第五条　使用费及支付方式

1. 本合同涉及的使用费为（￥、$）_____元。采用一次总付方式，合同生效之日起_____日内，被许可方将使用费全部汇至许可方帐号、或以现金方式支付给许可方。

2. 本合同涉及的使用费为（￥、$）_____元。采用分期付款方式，合同生效后，_____日内，被许可方即支付使用费的_____%即（￥、$）_____元给许可方，待许可方指导被许可方生产出合格样机台_____日后再支付_____%即（￥、$）_____元。直至全部付清。

被许可方将使用费按上述期限汇至许可方帐号、或以现金方式支付给许可方。

3. 使用费总额（￥、$）_____元，采用分期付款方式

合同生效日支付（￥、$）_____元

自合同生效起_____个月内支付（￥、$）_____元

_____个月内再支付（￥、＄）_____元

最后于_____日内支付（￥、＄）_____元，直至全部付清。

被许可方将使用费按上述期限汇至许可方帐号，或以现金方式支付给许可方。

4. 该专利使用费由入门费和销售额提成二部分组成。

合同生效日支付入门费（￥、＄）_____元，

销售额提成为_____%（一般3~5%），每_____个月（或每半年、每年底）结算一次。

被许可方将使用费按上述期限汇至许可方帐号，或以现金方式支付给许可方。

5. 该专利使用费由入门费和利润提成二部分组成（提成及支付方式同4）。

6. 该专利使用费以专利技术入股方式计算，被许可方与许可方共同出资（￥、＄）_____万元联合制造该合同产品，许可方以专利技术入股股份占总投资的_____%（一般不超过20%），第_____年分红制，分配利润。

支付方式采用银行转帐（托收、现金总付等）。现金总付地点一般为合同签约地。

7. 在4、5、6情况下许可方有权查阅被许可方实施合同技术的有关帐目。

第六条 验收的标准与方法

1. 被许可方在许可方指导下，生产完成合同产品_____个（件、吨、等单位量词）须达到许可方所提供的各项技术性能及质量指标（具体指标参数见附件6）并符合

国际_____标准

_____国家_____标准

_____行业_____标准

2. 验收合同产品。由被许可方委托国家（或某一级）检测部门进行，或由被许可方组织验收，许可方参加，并给予积极配合，所需费用由被许可方承担。

3. 如因许可方的技术缺陷，造成验收不合格的，许可方应负责提出措

202

施，消除缺陷。

第二次验收仍不合格，许可方没有能力消除缺陷的，被许可方有权终止合同，许可方返还使用费，并赔偿被许可方的部分损失。

4. 如因被许可责任使合同产品验收不合格的，许可方应协助被许可方，进行补救，经再次验收仍不合格，被许可方无力实施该合同技术的，许可方有权终止合同，且不返还使用费。

5. 合同产品经验收合格后，双方应签署验收合格报告。

第七条　对技术秘密的保密事项

1. 被许可方不仅在合同有效期内而且在有效期后的任何时候都不得将技术秘密（附件4）泄露给本合同当事双方（及分许可方）以外的任何第三方。

2. 被许可方的具体接触该技术秘密的人员均要同被许可方的法人代表签订保密协议，保证不违反上款要求。

3. 被许可方应将附件4妥善保存（如放在保险箱里）。

4. 被许可方不得私自复制附件4，合同执行完毕，或因故终止、变更，被许可方均须把附件4退给许可方。

第八条　技术服务与培训（本条可签订从合同）

1. 许可方在合同生效后_____日内负责向被许可方传授合同技术，并解答被许可方提出的有关实施合同技术的问题。

2. 许可方在被许可方实施该专利申请技术时，要派出合格的技术人员到被许可方现场进行技术指导，并负责培训被许可方的具体工作人员。

被许可方接受许可方培训的人员应符合许可方提出的合理要求。（确定被培训人员标准）

3. 被许可方可派出人员到许可方接受培训和技术指导。

4. 技术服务与培训的质量，应以被培训人员能够掌握该技术为准。（确定具体标准）

5. 技术服务与培训所发生的一切费用，如差旅费，伙食费等均由被许可方承担。

6. 许可方完成技术服务与培训后，经双方验收合格共同签署验收证明文件。

第九条　后续改进的提供与分享

1. 在合同有效期内，任何一方对合同技术所作的改进应及时通知对方；

2. 有实质性的重大改进和发展，申请专利的权利由合同双方当事人约定。没有约定的，其申请专利的权利归改进方，对方有优先、优价被许可，或者免费使用该技术的权利；

3. 属原有基础上的较小的改进，双方免费互相提供使用；

4. 对改进的技术还未申请专利时，另一方对改进技术承担保密义务，未经许可不得向他人披露、许可或转让该改进技术。

5. 属双方共同作出的重大改进，申请专利的权利归双方共有，另有约定除外。

第十条　违约及索赔

对许可方：

1. 许可方拒不提供合同所规定的技术资料，技术服务及培训，被许可方有权解除合同，要求许可方返还使用费，并支付违约金＿＿＿＿。

2. 许可方无正当理由逾期向被许可方交付技术资料，提供技术服务与培训的，每逾期一周，应向被许可方支付违约金＿＿＿＿，逾期超过＿＿＿＿（具体时间），被许可方有权终止合同，并要求返还使用费。

3. 在排他实施许可中，许可方向被许可方以外的第三方许可该专利技术，被许可方有权终止合同，并要求支付违约金＿＿＿＿。

4. 在独占实施许可中，许可方自己实施或许可被许可方以外的第三方实施该专利技术，被许可方有权要求许可方停止这种实施与许可行为，也有权终止本合同，并要求许可方支付违约金＿＿＿＿。

对被许可方：

1. 被许可方拒付使用费的，许可方有权解除合同，要求返回全部技术资料，并要求赔偿其实际损失，并支付违约金＿＿＿＿。

2. 被许可方延期支付使用费的，每逾期＿＿＿＿（具体时间）要支付给许可方违约金＿＿＿＿；逾期超过＿＿＿＿（具体时间），许可方有权终止合同，并要求支付违约金＿＿＿＿。

3. 被许可方违反合同规定，扩大对被许可技术的许可范围，许可方有权要求被许可方停止侵害行为，并赔偿损失，支付违约金＿＿＿＿；并有权终止合同。

4. 被许可方违反合同的保密义务，致使许可方的技术秘密泄露，许可方有权要求被许可方立即停止违约行为，并支付违约金_____。

第十一条　侵权的处理

1. 对合同有效期内，如有第三方指控被许可方实施的技术侵权，许可方应负一切法律责任；

2. 合同双方任何一方发现第三方侵犯许可方的专利权时，应及时通知对方，由许可方与侵权方进行交涉，或负责向专利管理机关提出请求或向人民法院提起诉讼，被许可方协助。

第十二条　专利权被撤销和被宣告无效的处理

1. 在合同有效期内，许可方的专利权被撤销或被宣告无效时，如无明显违反公平原则，且许可方无恶意给被许可方造成损失，则许可方不必向被许可方返还专利使用费。

2. 在合同有效期内，许可方的专利权被撤销或被宣告无效时，因许可方有意给被许可方造成损失，或明显违反公平原则，许可方应返还全部专利使用费，合同终止。

第十三条　不可抗力

1. 发生不以双方意志为转移的不可抗力事件（如火灾，水灾，地震，战争等）妨碍履行本合同义务时，双方当事人应做到：

（1）采取适当措施减轻损失；

（2）及时通知对方当事人；

（3）在（某种事件）期间，出具合同不能履行的证明；

2. 发生不可抗力事件在（合理时间）内，合同延期履行；

3. 发生不可抗力事件在_____情况下，合同只能履行某一部分（具体条款）；

4. 发生不可抗力事件，持续时间超过_____（具体时间），本合同即告终止。

第十四条　税费

1. 对许可方和被许可方均为中国公民或法人的，本合同所涉及的使用费应纳的税，按中华人民共和国税法，由许可方纳税；

2. 对许可方是境外居民或单位的，按中华人民共和国税法及《中华人民共和国外商投资企业和外国企业所得税法》，由许可方纳税；

3. 对许可方是中国公民或法人，而被许可方是境外单位或个人的，则按对方国家或地区税法纳税。

第十五条　争议的解决方法

1. 双方在履行合同中发生争议的，应按合同条款，友好协商，自行解决；

2. 双方不能协商解决争议的，提请＿＿＿＿＿专利管理机关调处，对调处决定不服的，向人民法院起诉；

3. 双方发生争议，不能和解的，向人民法院起诉；

4. 双方发生争议，不能和解的提请＿＿＿＿＿仲裁委员会仲裁；

注：2、3、4只能选其一。

第十六条　合同的生效、变更与终止

1. 本合同自双方签字、盖章之日起生效，合同的有效期为＿＿＿＿＿年，（不得超过专利的有效期）

2. （对独占实施许可合同）被许可方无正当理由不实施该专利技术的，在合同生效日后＿＿＿＿＿（时间），本合同自行变更为普通实施许可合同。

3. 由于被许可方的原因，致使本合同不能正常履行的，本合同即告终止，或双方另行约定变更本合同的有关条款。

第十七条　其他

前十六条没有包含，但需要特殊约定的内容，如：

其他特殊约定，包括出现不可预见的技术问题如何解决，出现不可预见的法律问题如何解决等。

图书在版编目(CIP)数据

知识产权法/中国法制出版社编 . —北京:中国法制出版社,
2008.2 (2008.6 重印)

(实用版法规专辑)

ISBN 978 – 7 – 5093 – 0315 – 3

Ⅰ. 知… Ⅱ. 中… Ⅲ.①知识产权法 – 汇编 – 中国②著
作权法 – 汇编 – 中国③商标法 – 汇编 – 中国④专利法 – 汇编
– 中国 Ⅳ. D923.409

中国版本图书馆 CIP 数据核字(2008)第 015007 号

知识产权法

ZHI SHI CHAN QUAN FA

经销/新华书店

印刷/涿州市新华印刷有限公司

开本/850×1168 毫米 32　　　　　　　印张/ 6.875　字数/ 167 千

版次/2008 年 3 月第 1 版　　　　　　　2008 年 6 月第 3 次印刷

中国法制出版社出版

书号 ISBN 978 – 7 – 5093 – 0315 – 3　　　　　定价:15.00 元

北京西单横二条 2 号　邮政编码 100031　　　　传真:66031119

网址:http://www.zgfzs.com　　　　　　　编辑部电话:66078158

市场营销部电话:66033393　　　　　　　邮购部电话:66033288